信息网络犯罪
司法适用十五讲

吴波 俞小海／著

中国检察出版社

图书在版编目（CIP）数据

信息网络犯罪司法适用十五讲／吴波，俞小海著—北京：中国检察出版社，2021.1

ISBN 978-7-5102-2475-1

Ⅰ.①信… Ⅱ.①吴… ②俞… Ⅲ.①互联网络-计算机犯罪-法律适用-中国 Ⅳ.①D924.365

中国版本图书馆 CIP 数据核字（2020）第 153815 号

信息网络犯罪司法适用十五讲

吴波 俞小海 著

出版发行：	中国检察出版社
社　　址：	北京市石景山区香山南路 109 号（100144）
网　　址：	中国检察出版社（www.zgjccbs.com）
编辑电话：	（010）86423707
发行电话：	（010）86423726　86423727　86423728
	（010）86423730　86423732
经　　销：	新华书店
印　　刷：	北京宝昌彩色印刷有限公司
开　　本：	710 mm × 960 mm　16 开
印　　张：	15.75
字　　数：	172 千字
版　　次：	2021 年 1 月第一版　2021 年 11 月第二次印刷
书　　号：	ISBN 978-7-5102-2475-1
定　　价：	58.00 元

检察版图书，版权所有，侵权必究
如遇图书印装质量问题本社负责调换

序 言

随着我国经济社会的不断发展，信息网络已经成为人们日常生活中不可或缺的一部分，甚至已经成为人们的一种基本生活方式，给人类社会带来了极大的便利。但是与此同时，与信息网络相关的违法犯罪行为也日益增多，成为刑事立法、刑事司法以及刑法理论研究关注的热点。为依法有效惩处信息网络相关犯罪，维护正常网络秩序，自2000年12月28日全国人大常委会《关于维护互联网安全的决定》颁行以来，我国通过刑法修正案的形式修改或新增了一系列信息网络犯罪，最高人民法院、最高人民检察院等机关也对新增罪名或传统信息网络犯罪构成要件及时作了解释，为精准打击各类信息网络犯罪提供了依据。可以说，我国刑事立法和司法解释关于信息网络犯罪的规定已趋于完备和成熟，但也应当看到，由于信息网络犯罪的复杂性、多变性、分散性等特征，司法实践中仍存在定罪量刑尺度把握不准、法律适用认识分歧等问题，有必要对该类犯罪的司法适用问题展开专题研究。

本书聚焦于信息网络犯罪这一热点问题，以我国刑法分则涉信息网络犯罪的具体个罪或类罪为范例，分为危害信用卡信息安全犯罪、利用未公开信息交易犯罪、网络诽谤犯罪、侵犯公民个人信息犯罪、利用网络支付平台实施侵财犯罪、秘密转移网络第三方支付平台资金类犯罪、P2P网络借贷平台类犯罪、网络游戏外挂类犯罪、电信网络诈骗犯罪、破坏计算机信息系统犯罪、拒不履行信息网络安全管理义务犯罪、非法利用信息网络犯罪、帮助信息网络犯罪活动犯罪、利用信息网络实施寻衅滋事犯罪、利用信息网络实施赌博犯罪等15个专题，对于近年来我国信息网络犯罪领域的热点、重点罪名及新型犯罪行为均作了回应。以此为基础，结合刑法理论、相关司法解释和司法判例，深入分析信息网络犯罪的司法适用疑难问题和操作规则。这15个专题章节，大体涵盖了以信息网络作为"犯罪对象"、以信息网络作为"犯罪工具"和以信息网络作为"犯罪空间"等三类信息网络犯罪类型，在具体编排上，以信息网络犯罪所涉我国刑法分则条文顺序为基础，适当兼顾考虑犯罪行为的类型化。

  信息网络犯罪一直是笔者的学术兴趣所在，笔者对信息网络犯罪的关注也由来已久，前期已陆续形成了一些研究成果，其中部分研究成果已在《检察日报》《上海法治报》等报纸杂志上发表，有些观点被司法实务机关所采纳，有的则成为学术界理论研究的引据和参考。为在研究深度和广度上做进一步的尝试，本书对已有的碎片化研究成果进行了重新梳理、全面整合和补充完善，其中，吴波主要负责专题一、专题二、专题三、专题四、专题六、专题十一、专题十二、专题十三等章节的撰写;俞小海主要负责专题五、专题七、专题八、专题九、专题十、专题十四、专题十五等章节的撰写,全书由吴波、俞小海共同统稿。尽管此书凝聚了笔者对信息网络犯罪司法适用问题的众多思考,但因信息网络的发展瞬息万变,司法实务难题也难以一概尽揽,加之成书时间较为仓促、研究水平有限,书中内容与观点难免有所偏颇疏漏,唯望理论界和实务界专家、学者批评指教。

吴 波 俞小海

2020 年 10 月

目 录

专题一 危害信用卡信息安全犯罪司法适用 …………… 3
    一、危害信用卡信息安全犯罪的客观行为方式 ………… 4
    二、危害信用卡信息安全犯罪的犯罪对象 ……………… 11
    三、危害信用卡信息安全犯罪的罪数问题 ……………… 14

专题二 利用未公开信息交易罪司法适用 ……………… 17
    一、本罪犯罪对象"未公开信息"的司法认定 ………… 19
    二、本罪客观行为方式的司法认定 ……………………… 24
    三、本罪入罪标准"情节严重"的司法认定 …………… 33

专题三 网络诽谤案件司法实务 ………………………… 36
    一、网络诽谤犯罪客观行为的理解与把握 ……………… 38
    二、网络诽谤犯罪认定中的刑民、刑行界分问题 ……… 45
    三、网络诽谤犯罪自诉案件的审查要点 ………………… 51

专题四 侵犯公民个人信息罪司法适用 ………………… 58
    一、侵犯公民个人信息犯罪的法律沿革 ………………… 59
    二、关于公民个人信息范围的界定 ……………………… 61
    三、侵犯公民个人信息罪客观行为的界定 ……………… 64
    四、关于侵犯公民个人信息罪与相关犯罪行为的界限 … 67

专题五 利用网络支付平台实施侵财犯罪司法实务 …… 71
    一、利用网络支付平台实施侵财行为与秘密转移
        网络第三方支付平台资金行为的差异 ……………… 72

二、利用网络支付平台实施的侵财行为具有盗、
骗交织性 ………………………………………… 75
三、利用网络支付平台实施侵财行为司法认定的
事实特征 ………………………………………… 76
四、利用网络支付平台实施侵财行为构成诈骗罪的
法理依据 ………………………………………… 79

专题六 秘密转移网络第三方支付平台资金行为司法定性 … 86
一、秘密转移支付宝账户资金犯罪的行为类型 …… 87
二、秘密转移支付宝账户资金行为的司法认定 …… 91
三、秘密转移他人支付宝账户资金所涉民事法律
问题的借鉴 ……………………………………… 95

专题七 P2P 网络借贷平台刑事责任认定 ……………… 99
一、P2P 网络借贷平台的属性及其本土异化 ……… 100
二、P2P 网络借贷平台的类型化及其刑事责任 …… 104
三、P2P 网络借贷平台刑法调整的科学化与理性化 … 115

专题八 网络游戏外挂行为司法认定 …………………… 118
一、外挂行为司法认定的争议 ……………………… 119
二、外挂行为的运行机理分析 ……………………… 121
三、外挂行为司法认定的思路和规则 ……………… 124

专题九 电信网络诈骗犯罪司法适用 …………………… 132
一、电信网络诈骗犯罪中帮助取款行为罪名判定的
难点 ……………………………………………… 133
二、电信网络诈骗犯罪帮助取款行为罪名判定的
要点 ……………………………………………… 137
三、帮助取款行为罪名判定的基本思路 …………… 142

专题十　破坏计算机信息系统罪司法适用 …………… 146
　　一、破坏计算机信息系统罪"后果严重"的规范
　　　　解释 ……………………………………………… 147
　　二、计算机信息系统数据的规范解释 …………… 154
　　三、利用计算机实施犯罪的司法认定 …………… 156

专题十一　拒不履行信息网络安全管理义务罪司法适用 …… 159
　　一、关于本罪犯罪主体——网络服务提供者的司法认定 … 160
　　二、关于本罪客观行为方面的司法认定 ………… 165
　　三、关于本罪与其他信息网络犯罪的关系问题 ………… 171

专题十二　非法利用信息网络罪司法适用 ……………… 176
　　一、非法利用信息网络罪客观行为方式的准确界定 …… 178
　　二、非法利用信息网络罪犯罪对象的准确界定 ……… 180
　　三、非法利用信息网络罪主观要件的准确界定 ……… 184

专题十三　帮助信息网络犯罪活动罪司法实务 ………… 190
　　一、关于本罪成立是否需要被帮助的行为构成犯罪 …… 191
　　二、关于"明知"的司法认定规则 ………………… 195
　　三、关于本罪与其他信息网络犯罪的关系问题 ……… 200

专题十四　利用信息网络实施寻衅滋事犯罪司法认定 ……… 203
　　一、利用信息网络实施寻衅滋事犯罪客观行为方式的
　　　　界定 ……………………………………………… 205
　　二、对编造的虚假信息的理解与把握 …………… 210
　　三、对"造成公共秩序严重混乱"的理解与把握 ……… 216

专题十五　利用信息网络实施赌博犯罪行为司法界定 ……… 225
　　一、利用信息网络实施赌博犯罪客观行为的界定 ……… 226
　　二、利用信息网络实施聚众赌博和开设赌场的界分 …… 231
　　三、网络开设赌场罪司法认定的限缩立场 ……… 236

信息网络犯罪司法适用类型化框架图

信息网络犯罪司法适用类型化分类

以信息网络作为"犯罪对象"
- 危害信用卡信息安全犯罪司法适用
- 利用未公开信息交易罪司法适用
- 破坏计算机信息系统罪司法适用
- 拒不履行信息网络安全管理义务罪司法适用
- 非法利用信息网络罪司法适用

以信息网络作为"犯罪工具"
- 侵犯公民个人信息罪司法适用
- 利用网络支付平台实施侵财犯罪司法实务
- 秘密转移网络第三方支付平台资金行为司法定性
- P2P网络借贷平台刑事责任认定
- 网络游戏外挂行为司法认定
- 帮助信息网络犯罪活动罪司法实务

以信息网络作为"犯罪空间"
- 网络诽谤案件司法实务
- 电信网络诈骗犯罪司法适用
- 利用信息网络实施寻衅滋事犯罪司法认定
- 利用信息网络实施赌博犯罪行为司法界定

专题一　危害信用卡信息安全犯罪司法适用

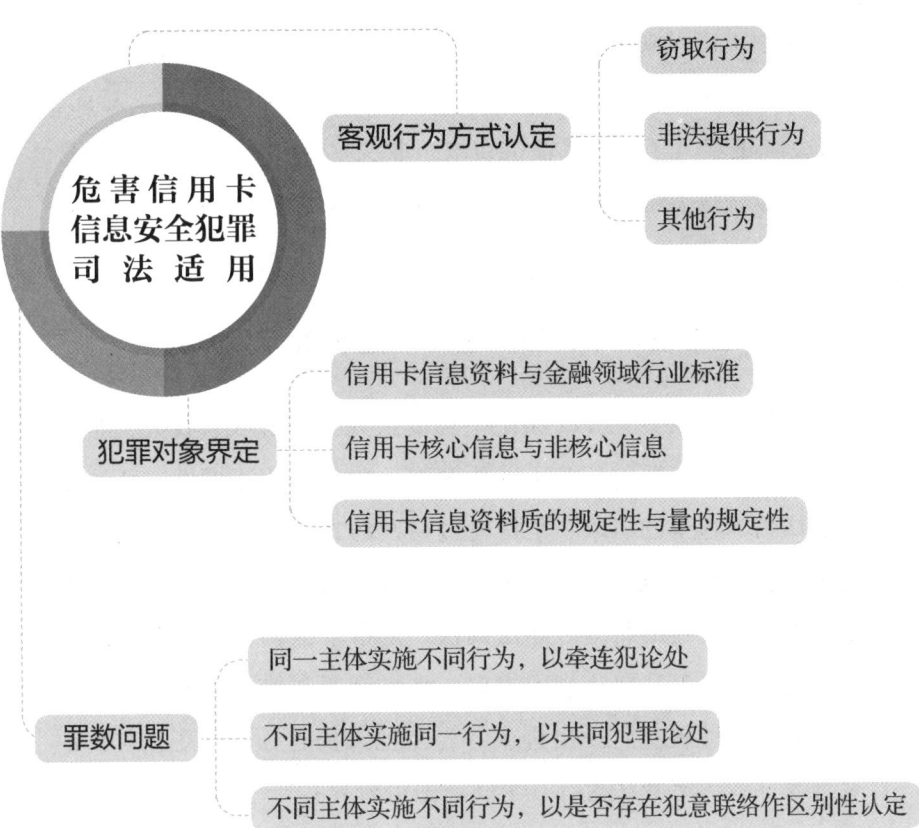

随着我国经济社会的快速发展，各类信息的价值日益凸显。其中，信用卡信息安全对于维护金融秩序，保障人民群众的合法权益，具有重要意义。我国刑法对危害信用卡信息安全的行为作了明确规定。从广义层面来说，危害信用卡信息安全的犯罪行为既包括典型的针对信用卡信息资料的窃取、收买或者非法提供行为，也包括伪造、变造金融票证，信用卡诈骗，妨害信用卡管理以及侵犯公民个人信息（账号密码属于公民个人信息）等犯罪行为。从狭义层面来说，危害信用卡信息安全的犯罪行为仅指典型的针对信用卡信息资料的窃取、收买或者非法提供行为。对此，《刑法修正案（五）》增设了窃取、收买、非法提供信用卡信息罪。本罪构成要件较为简单，但司法适用上存在较多问题，有必要择其要点予以分析。

一、危害信用卡信息安全犯罪的客观行为方式

根据《刑法》第 177 条之一第 2 款规定，窃取、收买、非法提供信用卡信息罪的行为方式为窃取、收买、非法提供。理论上一般认为，这里的窃取，是指通过秘密的方法，非法获取他人信用卡信息资料。收买，是指用财物、金钱或者其他利益交换他人信用卡信息资料的行为。非法提供，是指掌握、了解他人信用卡信息资料者违反法律法规的规定，将自己所掌握、了解的他人的信用卡信息资料交付、出售或者告知他人的行为。① 关于本罪客观行为方式，笔者认为有三个问题值得研究：

---

① 陈兴良主编：《罪名指南》（上册）（第二版），中国人民大学出版社 2008 年版，第 422 页。

（一）窃取行为的认定

窃取，系由"窃"和"取"组成。"窃"指的是方式的秘密性。因此，这里的窃取实际上就相当于盗窃罪中的秘密窃取。对此，理论上一般认为，秘密窃取是针对财物保管者、所有者而言的，是指行为人自以为采取了一种背着财物的保管人或所有人的行为。① 依照该种逻辑，"本罪中窃取他人信用卡信息资料，是指采取隐秘的、自认为不为财物所有者或保管人所知的方法获得他人信用卡信息资料的行为"。② 那么，在所有者或保管者知情的情况下获取其信用卡信息的，能否认定为本罪中的窃取？最为典型的就是骗取信用卡信息行为。对此，主要有两种观点：一种观点认为，本罪中的"窃取"只能是秘密窃取。因为行为人如果是在被害人明知的情形下取得信用卡信息，被害人即可向银行等金融机构修改信用卡信息（如修改密码）甚至挂失信用卡而导致行为人窃取的信用卡信息没有任何价值。要使信用卡信息具有经济价值，行为人一般只能采用被害人不知情的秘密窃取手段。③ 有学者指出，"由于刑法并未将欺骗行为作为本罪的行为手段规定下来，所以，如果能够认定行为人是采取了虚构事实、隐瞒真相的欺骗手段，使得被害人发生认识错误并因此错误实施了交付行为的，那么不应该以本罪定罪，因为'欺骗'行为不包括在本罪客

---

① 陈兴良：《口授刑法学》，中国人民大学出版社2007年版，第610页。
② 赵秉志、王东阳：《刑法修正案（五）第一条的理解和适用》，载《人民检察》2005年第12期。
③ 卢勤忠：《信用卡信息安全的刑法保护——以窃取、收买、非法提供信用卡信息罪为例的分析》，载《中州学刊》2013年第3期。

观行为之列"。① 相反的观点则认为,这里的"窃取",不仅包括在持卡人不知情的情况下秘密获取,也包括采用蒙蔽手段,让持卡人"自愿"透露有关信息资料。②

笔者认为,对本罪中的"窃取"应作广义理解,将"骗取"纳入"窃取"之范围。首先,窃取信用卡信息行为的成立不应以信用卡信息是否具有经济价值而定。信用卡信息本身并无任何经济价值,刑法设立窃取、收买、非法提供信用卡信息罪的目的在于维护信用卡管理秩序,行为人窃取信用卡信息,只要在窃取当时足以伪造可进行交易的信用卡,或者足以使他人以信用卡持卡人名义进行交易,就已经侵犯了本罪法益,无须进一步判断是否对他人财产造成实际损失。其次,实践中确实存在公开获取被害人信用卡信息的情形。比如,在ATM上安装吞卡装置并同时张贴假的客户服务电话,在客户求助时骗取持卡人信息;③ 通过群发手机短信"提示"持卡人曾在异地消费,要求核实,当持卡人回电提出质疑时,便设法套取其说出信用卡账号、密码等信息资料;④ 等等。这些行为,就是在被害人知情的情况下通过欺骗的方式获取信用卡信息,显然是一种相对公开的方式。最后,骗取行为同样具有"窃取"之特征。通过骗取的形式让信用卡持有人

---

① 陈兴良主编:《罪名指南》(上册)(第二版),中国人民大学出版社2008年版,第422~423页。

② 周道鸾、张军:《刑法罪名精释》(上)(第四版),人民法院出版社2013年版,第328页。

③ 黄太云:《刑法修正案解读全编》,人民法院出版社2011年版,第222页。

④ 周道鸾、张军:《刑法罪名精释》(上)(第四版),人民法院出版社2013年版,第328页。

"自愿"将信用卡信息资料告知行为人,尽管从形式上来看信用卡持有人是知悉的,但是其所知悉的仅仅是在认识错误的基础上将信用卡信息资料暂交行为人保管,而对于行为人骗取这一信息之后非法提供给他人从而盗取其财物这一真实目的,信用卡持卡人并不知悉。换言之,从本质上来说,行为人骗取信用卡信息资料的根本目的,依然是背着信用卡持卡人而实施,其对于信用卡持卡人而言,同样具有"窃取"的性质。

(二)非法提供行为的认定

对于本罪的"非法提供",也是值得研究的问题。对此,学界主要存在两种观点:一种观点认为,"非法提供,是指信用卡信息资料的持有人,未经该资料的所有人同意,将自己知悉、管理、持有的信用卡信息资料出售、交付、告知其他不应该知悉该信用卡信息资料的人的行为"。① 与此类似的观点认为,非法提供,是指掌握、了解他人信用卡信息资料者将自己所掌握、了解的他人的信用卡信息资料有偿或无偿、直接或间接地提供、披露给其他人而无法律依据的行为。② 根据这种观点,非法提供的前提是信用卡信息资料的合法持有。另一种观点则认为,"所谓'非法提供',是指违反法律规定,交付、告知和出售他人信用卡信息资料的行为。如果该行为是法律许可的或者经持卡人同意

---

① 李睿:《信用卡犯罪研究》,上海社会科学院出版社2009年版,第223页。
② 刘杰:《窃取、收买、非法提供信用卡信息资料罪及其立法完善》,载《行政与法》2005年第11期。

的，则不构成本罪"。① 可以看出，该种观点将违反法律规定作为判定"非法提供"的一个前置性条件。② 对于这两种观点，我们均难以认同。首先，尽管《刑法》第 177 条之一第 3 款对银行或者其他金融机构的工作人员利用职务上的便利，实施窃取、收买、非法提供信用卡信息犯罪作了从重处罚的规定，而从实践来看，能够成为本罪主体的人更可能的是在特约商户和金融机构等特定人群中有工作之便的人员，但是，在上述信用卡信息持有的合法主体之外，还存在通过窃取、收买方式获得信用卡信息进而提供给他人的行为主体，对于这些行为人而言，其对信用卡信息的持有，就不是合法的持有。其次，关于信用卡信息的使用、提供，更多的是由金融领域的部门规章予以规定，其与法律规定尚不完全相同，如果将违反法律规定作为"非法提供"的一个前置性条件，极有可能会因为无相关"法律规定"而无法认定"非法提供"行为，这显然会不当限缩本罪的惩处范围。

笔者认为，认定本罪"非法提供"的关键在于准确把握"非法"的含义。这里的非法，应理解为没有合法根据而持有他人的信用卡信息。理论上而言，这里的合法根据主要是指基于自有、授权而使用、持有，基于委托进行保管等。但现实中，制作信用卡的权限在于银行，这一阶段信用卡信息资料的持有、使用具有高度的专业性、特定性，只有银行等金融机构可以将信用卡信息资料提供给客户（具体表现为写入客户信用卡磁条）。为保证信

---

① 利子平、樊宏涛：《窃取、收买、非法提供信用卡信息资料罪刍议》，载《河北法学》2005 年第 11 期。

② 刘艳红、许强：《论〈刑法修正案（五）〉对信用卡犯罪的立法完善》，载《法学评论》2006 年第 1 期。

用卡使用的安全,发卡银行会在信用卡上设置储存持卡人个人金融信息的磁条。信用卡磁条内的信息,一般记载持卡人在银行存款账户的号码和取款密码。从设置磁条密码的目的和技术要求看,磁条内信息只被持卡人自己掌握,因此,磁条内的信息具有证明持卡人身份和权利的作用,谁掌握这些信息,谁就可以被认为是权利人。若这些信息被伪造信用卡的人获取,伪造信用卡的人就可以把该信息拷入伪卡的磁条制成伪卡,从而,该伪造的信用卡就可以被当作真卡使用。① 换言之,只有银行和持卡人本人才是获知信用卡信息的合法主体。信用卡信息这种极具个人性、保密性的资料,决定了其他主体并不具有持有、使用信用卡信息资料的权限,从这个角度而言,对他人信用卡信息加以提供本身就是不法行为。而关于"提供",可以从不同层面予以把握。比如,从类型上而言,包括出售、赠予、租借、告知等;从性质上而言,既包括有偿提供,也包括无偿提供。应当看到,出售是非法提供最为常见的一种方式。

(三) 其他行为的认定

关于本罪,我国刑法仅规定了窃取、收买、非法提供三种行为方式,对于以这三种行为之外(如夺取、劫取、敲诈、胁迫)的方式取得信用卡信息的,能否认定犯罪?对此,有人指出,列举式立法无法穷尽所有客观现象,将获取信用卡信息的方式仅限于窃取、收买和非法提供,与客观实际情况相悖,不利于充分打击犯罪、有效保护信用卡信息资料的安全。于是建议将用"胁

---

① 赵秉志主编:《中国刑法典型案例研究(第三卷·破坏市场经济秩序罪)》,北京大学出版社2008年版,第117~118页。

迫"等非法手段获取他人信用卡信息资料的行为和明知是他人的信用卡信息资料而予以"接受"的持有行为入罪，即将本罪的罪状由"窃取、收买或者非法提供他人信用卡信息资料的"修改为"非法获取、持有、提供他人信用卡信息资料的"。① 笔者认为，我国刑法在本罪客观行为的规定上并未采用概括式的方式，对于夺取、劫取、敲诈、胁迫等行为也无法通过刑法解释将其纳入窃取、收买、非法提供行为中，故根据罪刑法定原则，我国刑法规定的窃取、收买、非法提供这三种行为并不包括夺取、劫取、敲诈、胁迫等方式。但是，无法将夺取、劫取、敲诈、胁迫等行为解释为本罪的行为方式，并不意味着对通过这些行为取得他人信用卡信息的行为无法惩处，故并不一定要在立法上作出修改。尽管通过夺取、劫取、敲诈、胁迫等方式获取他人信用卡信息的行为并未获得立法上的独立评价，但始终处于伪造信用卡和使用伪造的信用卡进行诈骗的环节中，这决定了可以结合整个犯罪活动过程或从其获取他人信用卡信息的后续性行为来对以夺取、劫取、敲诈、胁迫等方式获取他人信用卡信息的行为作出相应评价。从现实来看，行为人获取他人信用卡信息都是基于一定获利目的，一般情况下，行为人通过夺取、劫取、敲诈、胁迫等方式取得信用卡信息，要么出售给他人从中获利；要么用于自己伪造信用卡套现或冒用。从破获的案件来看，非法获取或者非法提供的他人信用卡信息资料最后基本上都流向了犯罪集团用于伪造信用卡。对于前者可评价为非法提供行为，而对于后者，则完全可

----

① 刘杰：《窃取、收买、非法提供信用卡信息资料罪及其立法完善》，载《行政与法》2005年第11期。

以评价为伪造金融票证、妨害信用卡管理或者信用卡诈骗行为。因此，即便不将夺取、劫取、敲诈、胁迫等行为纳入本罪客观行为，也不会放纵对这些行为的刑法评价，不致出现处罚上的漏洞。

二、危害信用卡信息安全犯罪的犯罪对象

根据刑法规定，本罪的犯罪对象为信用卡信息资料。如何界定这里的信用卡信息资料，学界存在不同的观点。笔者认为，要准确界定作为本罪犯罪对象的信用卡信息资料，需要明确以下三组关系：

（一）信用卡信息资料与金融领域行业标准

刑法关于信用卡信息资料的把握应与金融领域的行业标准和金融机构的专业认定保持一致。信用卡信息资料系信用卡领域的一个专业术语。根据2000年11月8日中国人民银行发布的《关于颁布〈银行卡发卡行标识代码及卡号〉和〈银行卡磁条信息格式和使用规范〉两项行业标准的通知》，信用卡信息主要包括五类：主账号、发卡机构标识号码、个人账户标识、校验位、个人标识代码（也就是平常所说的密码）。该电子数据通常由发卡银行在发卡时使用专用设备写入信用卡磁条、磁芯中，作为POS机、ATM等终端机识别用户是否合法的依据。没有这些信息，信用卡无法使用。

（二）信用卡的核心信息与非核心信息

对于信用卡信息资料的理解与认定，还需要准确区分核心信息与非核心信息。应该看到，与信用卡相关的信息种类多样，既

包括写入信用卡磁条中的账号、密码等信息，也包括持卡人在办理信用卡时向银行所提供的姓名、身份证、工作单位、收入情况、联系方式、职业、家庭住址等信息，尽管"这些信息涉及个人资料、经济情况和个人隐私，应当得到妥善维护"[①]，但笔者认为，从窃取、收买、非法提供信用卡信息资料的主要流向以及本罪的立法目的来看，本罪中的信用卡信息资料，只能是核心信息，而并不包括非核心信息。核心信息与非核心信息的判断主要有三点：第一，该信息是否直接与信用卡的使用有关，是否决定信用卡的消费、取现、透支等正常使用功能；第二，该信息资料的泄露是否会直接、紧迫影响到持卡人的利益；第三，该信息是否具有绝对的隐秘性和排他性。显然，持卡人的姓名、身份证、工作单位、收入情况、联系方式、职业、家庭住址等信息仅与信用卡的申领有关，掌握这些信息，并不能决定对信用卡的使用，这类信息的泄露，也不会直接、紧迫威胁持卡人的利益。故这类信息属于非核心信息。与此相反，持卡人账号、密码等磁条信息系持卡人使用信用卡的唯一凭证，直接决定信用卡的正常使用，这些信息资料具有绝对的隐秘性和排他性，一旦泄露不仅会给持卡人和金融机构带来巨大的损失，而且会严重干扰正常的金融秩序，故这类信息系核心信息。

（三）信用卡信息资料质的规定性与量的规定性

刑法对本罪的成立未作任何情节、数量上的限制。由此，需要进一步讨论的问题是，窃取、收买、非法提供的信用卡信息资

---

① 李睿：《信用卡犯罪研究》，上海社会科学院出版社2009年版，第250页。

料，需要达到何种程度，才能构成犯罪？这便是信用卡信息资料质的规定性与量的规定性。尽管《刑法修正案（五）》设立本罪是出于回避窃取、收买、非法提供信用卡信息者与伪造信用卡者之间共同犯罪故意的查证难题以及解决因各个犯罪环节表现形式不同而带来的具体适用刑法困难、提高对涉信用卡犯罪惩处力度等功利性目的，但是，回归本罪的司法适用，依然要受到刑法的目的与任务以及罪刑法定原则的制约。为了将本罪限制在一个合理的范围内，笔者认为，有必要从质与量两个维度对信用卡信息资料予以明确：第一，信用卡信息资料必须足以伪造可进行交易的信用卡，或者足以使他人以信用卡持卡人名义进行交易，这就要求信用卡信息资料是真实、有效、客观存在的。如果行为人窃取、收买、非法提供的他人信用卡信息是虚假的、无效的，则不可能威胁到持卡人的利益，对于金融管理秩序的危害亦不明显，故无须以本罪论处。这是信用卡信息资料质的规定性。第二，信用卡信息资料必须达到一定的数量要求。2018年11月28日，最高人民法院、最高人民检察院《关于办理妨害信用卡管理刑事案件具体应用法律若干问题的解释》第3条从涉及信用卡的数量层面对本罪之成立作了规定。① 在此基础上需要进一步明确的是信

---

① 最高人民法院、最高人民检察院《关于办理妨害信用卡管理刑事案件具体应用法律若干问题的解释》第3条规定："窃取、收买、非法提供他人信用卡信息资料，足以伪造可进行交易的信用卡，或者足以使他人以信用卡持卡人名义进行交易，涉及信用卡一张以上不满五张的，依照刑法第一百七十七条之一第二款的规定，以窃取、收买、非法提供信用卡信息罪定罪处罚；涉及信用卡五张以上的，应当认定为刑法第一百七十七条之一第一款规定的'数量巨大'。"

用卡信息资料的数量,即具备多少信用卡信息资料,符合"足以伪造可进行交易的信用卡,或者足以使他人以信用卡持卡人名义进行交易"之条件?对此,笔者认为,应根据信用卡是否启用而作出区别性认定。对于已经启用的信用卡,只要窃取、收买、非法提供了持卡人信用卡的磁条信息(主要是账号、密码),就已经"足以伪造可进行交易的信用卡,或者足以使他人以信用卡持卡人名义进行交易";而对于尚未启用的信用卡,行为人伪造之后还需要进一步启用,才能实现其目的,由于启用信用卡需要验证身份、联系方式、住址等个人信息,故只有当行为人同时窃取、收买、非法提供了信用卡磁条信息和启用信用卡所必需的持卡人个人验证信息,才能视为其窃取、收买、非法提供的信用卡信息资料"足以伪造可进行交易的信用卡,或者足以使他人以信用卡持卡人名义进行交易",从而达到了本罪信用卡信息资料量的规定性。

三、危害信用卡信息安全犯罪的罪数问题

就窃取、收买、非法提供信用卡信息罪与其他相关罪名之关系,笔者认为应把握以下几点:

(一)同一主体实施的不同行为,原则上以牵连犯论处,从一重罪处罚

常见情形有:行为人为了伪造信用卡而实施窃取、收买、非法提供他人信用卡信息资料行为,并将这些信息资料用于伪造信用卡的,应择一重罪处罚,即应以伪造金融票证罪论处;行为人为了实施信用卡诈骗而窃取、收买、非法提供信用卡信息资料,

进而伪造信用卡,并使用伪造的信用卡的,则同时触犯伪造金融票证罪、信用卡诈骗罪和窃取、收买、非法提供信用卡信息罪,由于前两者在起刑点和附加罚金上相同,均为"处五年以下有期徒刑或者拘役,并处或者单处二万元以上二十万元以下罚金",故需根据实际行为来判定何为"重罪",从而作出最终认定。

(二)不同主体实施同一行为,原则上以共同犯罪论处

需要注意的是,这里具有评价意义的同一行为,一般情况下指的依然是同一构成要件范围的行为。不同主体实施同一构成要件行为,触犯一个罪名的,以共同犯罪论处,对此,并无争议。但也存在较为特殊的情形。比如,不同主体分工合作,分别实施窃取、收买、非法提供信用卡信息,伪造信用卡,持有、运输伪造的信用卡(含空白信用卡),使用信用卡进行诈骗,此时如何确定罪名便存在疑问。对此笔者认为,上述行为均系危害金融管理秩序的涉信用卡犯罪行为,应树立整体性思维,不人为割裂各行为之间的紧密联系,对"同一罪名"予以适当扩展。具体而言把握两点:一是不同主体分工实施的各行为仅有一个构成犯罪,则认定不同主体构成该犯罪的共同犯罪;二是不同主体分工实施的各行为全部或其中有两个以上均构成犯罪,则依照牵连犯的原理,择一重罪处罚,在重罪的基础上成立共同犯罪。

(三)不同主体实施不同行为,以是否存在犯意联络作区别性认定

如果不同主体之间不存在犯意联络,则分别定罪,对此并无太大异议。但是,由于我国刑法已经将涉信用卡犯罪中的不同环节上升为独立的罪名,这种情况下,如果不同主体存在犯意联

络，则以共同犯罪论处，还是以各自罪名处理？笔者认为，根据立法原意，如果能够证明不同主体之间存在犯意联络，则应当以共同犯罪论处，且以重罪的共同犯罪论处，而排除单独罪名的适用。只有对于无法认定各行为人主观上存在犯意联络的，则考虑分别定罪。

 法律链接

1. 《中华人民共和国刑法》第 177 条之一
2. 最高人民法院、最高人民检察院《关于办理妨害信用卡管理刑事案件具体应用法律若干问题的解释》第 3 条

专题二 利用未公开信息交易罪司法适用

```
利用未公开信息交易罪司法适用
├─ "未公开信息"的司法认定
│   ├─ "内幕信息"的实质和范围
│   └─ "未公开信息"的内涵和外延
├─ 客观行为方式的司法认定
│   ├─ "利用"行为的认定与把握
│   ├─ "违反规定"的认定与把握
│   └─ "明示、暗示他人从事相关交易活动"的认定与把握
│       ├─ 如何认定泄露未公开信息的行为性质
│       └─ 如何认定从事相关交易活动的"他人"行为性质
└─ 入罪标准"情节严重"的司法认定
```

利用未公开信息交易罪是《刑法修正案（七）》新增的罪名。根据《刑法》第180条第4款的规定，证券交易所、期货交易所、证券公司、期货经纪公司、基金管理公司、商业银行、保险公司等金融机构的从业人员以及有关监管部门或者行业协会的工作人员，利用因职务便利获取的内幕信息以外的其他未公开的信息，违反规定，从事与该信息相关的证券、期货交易活动，或者明示、暗示他人从事相关交易活动，情节严重的，依照本条第1款的规定处罚。①由于这些人户大多隐秘，"偷食"金融产品上涨盈利，因而被形象地称为"老鼠仓"。② 我们通过中国裁判文书网，在高级检索中将案由设定为"利用未公开信息交易"，法院层级设定为"全部"，案件类型为"刑事案件"，审判程序为"一审"，文书类型为"判决书"，截至2020年2月底，共检索出13个利用未公开信息交易罪的司法案例。尽管数量不多，但利用未公开信息交易罪侵犯的法益是证券、期货市场秩序和证券、期货投资人的合法权益，犯罪行为直接损害市场的公平、公开和公正，影响利益主体众多，社会关注度高。为依法惩治证券、期货犯罪，促进证券、期货市场稳定健康发展，2019

---

① 《刑法》第180条第1款（内幕交易、泄露内幕信息罪）规定："证券、期货交易内幕信息的知情人员或者非法获取证券、期货交易内幕信息的人员，在涉及证券的发行，证券、期货交易或者其他对证券、期货交易价格有重大影响的信息尚未公开前，买入或者卖出该证券，或者从事与该内幕信息有关的期货交易，或者泄露该信息，或者明示、暗示他人从事上述交易活动，情节严重的，处五年以下有期徒刑或者拘役，并处或者单处违法所得一倍以上五倍以下罚金；情节特别严重的，处五年以上十年以下有期徒刑，并处违法所得一倍以上五倍以下罚金。"

② 张军主编：《刑法分则及配套规定新释新解》（上）（第9版），人民法院出版社2016年版，第630页。

年6月27日，最高人民法院、最高人民检察院《关于办理利用未公开信息交易刑事案件适用法律若干问题的解释》（以下简称《利用未公开信息交易司法解释》），对本罪的相关司法适用问题作了进一步明确。但是，由于证券、期货交易市场的多变性、复杂性，利用未公开信息交易罪的司法适用方面仍存在一些疑难问题，有必要加以研究分析。

一、本罪犯罪对象"未公开信息"的司法认定

关于本罪的犯罪对象"未公开信息"，我国刑法仅作了"内幕信息以外的其他未公开的信息"这一原则性表述。由于"未公开信息"直接关系到利用未公开信息交易罪的惩处范围，因此，对于何为内幕信息以外的其他未公开信息，需要予以准确把握。理论上有人认为："本罪的犯罪对象是'内幕信息以外的其他未公开的信息'，主要是指金融机构即将用客户资金投资购买某个金融产品的信息，利率变动信息、税收、外汇、金融政策变动信息等。"[1] 笔者认为，在对本罪犯罪对象"未公开信息"的理解时，应注意把握以下两点：

（一）准确界定"内幕信息"的实质和范围

既然我国刑法明确规定本罪的犯罪对象系"内幕信息以外的其他未公开的信息"，据此可以得出，证券、期货领域的未公开信息可以分为两类：一类是内幕信息，另一类则是其他未公开信息。因此明确内幕信息的范围，是界定本罪"未公开信息"的前提。《刑法》第180条第3款规定："内幕信息、知情人员的范

---

[1] 张军主编：《刑法分则及配套规定新释新解》（上）（第9版），人民法院出版社2016年版，第630~631页。

围,依照法律、行政法规的规定确定。"内幕信息的范围,主要规定在证券法和期货交易管理条例中。值得注意的是,我国1998年首次制定的证券法就明确了内幕信息的范围。虽然证券法经历了2004年、2005年、2013年和2014年修正,但关于内幕信息的定义和范围并未发生实质性改变,这说明,我国关于内幕信息的定义和范围已经形成了通行观点。根据《证券法》第52条的规定,证券交易活动中,涉及公司的经营、财务或者对该公司证券的市场价格有重大影响的尚未公开的信息,为内幕信息。下列信息皆属内幕信息:(1)《证券法》第80条第2款所列重大事件;①

---

① 《证券法》第80条第2款规定,"前款所称重大事件包括:(一)公司的经营方针和经营范围的重大变化;(二)公司的重大投资行为,公司在一年内购买、出售重大资产超过公司资产总额百分之三十,或者公司营业用主要资产的抵押、质押、出售或者报废一次超过该资产的百分之三十;(三)公司订立重要合同、提供重大担保或者从事关联交易,可能对公司的资产、负债、权益和经营成果产生重要影响;(四)公司发生重大债务和未能清偿到期重大债务的违约情况;(五)公司发生重大亏损或者重大损失;(六)公司生产经营的外部条件发生的重大变化;(七)公司的董事、三分之一以上监事或者经理发生变动,董事长或者经理无法履行职责;(八)持有公司百分之五以上股份的股东或者实际控制人持有股份或者控制公司的情况发生较大变化,公司的实际控制人及其控制的其他企业从事与公司相同或者相似业务的情况发生较大变化;(九)公司分配股利、增资的计划,公司股权结构的重要变化,公司减资、合并、分立、解散及申请破产的决定,或者依法进入破产程序、被责令关闭;(十)涉及公司的重大诉讼、仲裁,股东大会、董事会决议被依法撤销或者宣告无效;(十一)公司涉嫌犯罪被依法立案调查,公司的控股股东、实际控制人、董事、监事、高级管理人员涉嫌犯罪被依法采取强制措施;(十二)国务院证券监督管理机构规定的其他事项"。

（2）《证券法》第 81 条第 2 款所列重大事项。① 根据《期货交易管理条例》第 81 条规定，内幕信息，是指可能对期货交易价格产生重大影响的尚未公开的信息，包括：国务院期货监督管理机构以及其他相关部门制定的对期货交易价格可能发生重大影响的政策，期货交易所作出的可能对期货交易价格发生重大影响的决定，期货交易所会员、客户的资金和交易动向以及国务院期货监督管理机构认定的对期货交易价格有显著影响的其他重要信息。

据此我们可以得出，"内幕信息"的实质在于，该信息处于尚未公开状态，且对证券、期货交易价格有显著或重大影响。同时应当注意，考虑到证券、期货市场的多变性、复杂性，内幕信息的范围可能处于不断变化之中，因此，对于内幕信息的认定，还应保持适度的开放性，授权国务院证券或期货监督管理机构对证券、期货信息是否属于内幕信息的认定。2012 年 6 月 1 日，最高人民法院、最高人民检察院《关于办理内幕交易、泄露内幕信

---

① 《证券法》第 81 条第 2 款规定，"前款所称重大事件包括：（一）公司股权结构或者生产经营状况发生重大变化；（二）公司债券信用评级发生变化；（三）公司重大资产抵押、质押、出售、转让、报废；（四）公司发生未能清偿到期债务的情况；（五）公司新增借款或者对外提供担保超过上年末净资产的百分之二十；（六）公司放弃债权或者财产超过上年末净资产的百分之十；（七）公司发生超过上年末净资产百分之十的重大损失；（八）公司分配股利，作出减资、合并、分立、解散及申请破产的决定，或者依法进入破产程序、被责令关闭；（九）涉及公司的重大诉讼、仲裁；（十）公司涉嫌犯罪被依法立案调查，公司的控股股东、实际控制人、董事、监事、高级管理人员涉嫌犯罪被依法采取强制措施；（十一）国务院证券监督管理机构规定的其他事项"。

息刑事案件具体应用法律若干问题的解释》(以下简称《内幕交易、泄露内幕信息司法解释》)并未对内幕交易、泄露内幕信息罪中所涉"内幕信息"作出规定,对于"内幕信息"的把握,主要是依据证券法、期货交易管理条例以及国务院证券或期货监督管理机构对涉案证券、期货信息的具体认定。比如,司法实践中,中国证监会通常会以出具"认定函"的形式认定涉案信息属于"未公开信息"。[①]

(二)准确界定"未公开信息"的内涵和外延

《利用未公开信息交易司法解释》首次从司法解释的层面对于本罪"未公开信息"的范围作了规定。根据《利用未公开信息交易司法解释》第1条规定,《刑法》第180条第4款规定的"内幕信息以外的其他未公开的信息",包括下列信息:(1)证券、期货的投资决策、交易执行信息;(2)证券持仓数量及变化、资金数量及变化、交易动向信息;(3)其他可能影响证券、期货交易活动的信息。该司法解释关于本罪"未公开信息"的列举,对于司法实践无疑具有指导意义,但是也应当看到,司法解释这种表述并非定义式的规定,而是一种开放式的举例,只是从名称上罗列了"未公开信息"的典型情形,并未就本罪"未公开信息"的定义、性质和特征作出解释。

笔者认为,司法实践中,在理解和把握"未公开信息"时,应立足于"未公开信息"的特性,对"未公开信息"进行实质性的认识。关于本罪"未公开信息"的概念、性质等,学界形成了

---

① 王涛、汤琳琳:《利用未公开信息交易罪的认定标准》,载《法学》2013年第2期。

多种不同的观点。有观点认为，所谓"内幕信息以外的其他未公开的信息"，主要是指资产管理机构、代客投资理财机构即将用客户资金投资购买某个证券等金融产品的决策信息。① 有学者认为，未公开信息，是指对证券、期货市场价格变动具有重要影响且在依法披露前限于少数人知悉的未来投资经营信息。② 有人认为，未公开信息，是指在证券、期货交易活动中，除内幕信息以外的对证券、期货的市场价格有重大影响的尚未公开的信息。③ 也有观点认为，所谓"内幕信息以外的其他未公开的信息"，是指在证券、期货交易活动中，法定内幕信息以外的其他对证券、期货的市场价格有重大影响的尚未公开的信息，如本机构受托能力资金的交易信息、某机构或个人大户下单方向或下单量信息、利率或相关税率变化信息、金融政策调整信息等，都是本罪的犯罪对象。④ 还有观点认为，"未公开信息"的定义理应涵盖秘密性、价值性、职务性和差别性这四个特征，并且能给司法实务提供准确而又具体的认定标准。⑤ 笔者认为，对于本罪"未公开信息"的认定，应着眼于"未公开信息"的实质特征。一方面，应

---

① 卢勤忠：《利用未公开信息交易罪的认定》，载《政法论丛》2010年第1期。

② 缑泽昆：《〈刑法修正案（七）〉中"老鼠仓"犯罪的疑难问题》，载《政治与法律》2009年第12期。

③ 浙江省丽水市人民检察院课题组：《利用未公开信息交易罪疑难问题探析》，载《河北法学》2011年第5期。

④ 周道鸾、张军主编：《刑法罪名精释》（上）（第四版），人民法院出版社2013年版，第343页。

⑤ 王欣元、康相鹏：《利用未公开信息交易罪疑难问题探析》，载《法学》2014年第6期。

该认识到，相对于内幕交易罪和泄露内幕信息罪而言，利用未公开信息交易罪带有"兜底性质"，三者共同构成了惩处证券、期货市场秩序，维护证券、期货投资人的合法权益的相对完整的刑事法网。另一方面，利用未公开信息交易罪和内幕交易罪、泄露内幕信息罪的法定刑完全一致，这就决定了三种犯罪行为在"质"和"量"上是基本等同的，否则会造成罪刑不相适应。因此，利用未公开信息交易罪中的"未公开信息"在性质上应与内幕交易罪和泄露内幕信息罪中"内幕信息"保持一致，即"未公开信息"也必须是处于尚未公开状态（法律未要求必须公开），且对证券、期货交易价格有显著影响或重大影响。同样，对于是否属于"未公开信息"的难以认定的，既可以根据国务院证券或期货监督管理机构对涉案证券、期货信息是否属于未公开信息的具体认定结论，也可以根据《利用未公开信息交易司法解释》第2条的规定，司法机关可以在有关行政主（监）管部门的认定意见的基础上，根据案件事实和法律规定作出司法个案性质的认定。

二、本罪客观行为方式的司法认定

根据我国刑法规定，利用未公开信息交易罪的客观行为方式为，证券交易所、期货交易所、证券公司、期货经纪公司、基金管理公司、商业银行、保险公司等金融机构的从业人员以及有关监管部门或者行业协会的工作人员"利用因职务便利获取的内幕信息以外的其他未公开的信息，违反规定，从事与该信息相关的证券、期货交易活动，或者明示、暗示他人从事相关交易活动"。对此，应从以下几个关键词入手加以分析：

（一）"利用"行为的认定与把握

本罪的"利用"行为包括两个层面，第一个层面是"利用因职务便利获取信息"；第二个层面是"利用未公开信息从事相关交易活动"。

就第一个层面而言，本罪犯罪主体是证券交易所、期货交易所、证券公司、期货经纪公司、基金管理公司、商业银行、保险公司等金融机构的从业人员以及有关监管部门或者行业协会的工作人员，其本身就具有获取"未公开信息"的天然优势。"利用因职务便利获取"，既包括证券交易所、期货交易所、证券公司、期货经纪公司、基金管理公司、商业银行、保险公司等金融机构的从业人员以及有关监管部门或者行业协会的工作人员直接利用职务行为获取，也包括上述人员利用自己职务所形成的便利条件获取。需要注意的是，《刑法》第 180 条第 1 款规定的内幕交易罪、泄露内幕信息罪主体就包括了"非法获取证券、期货交易内幕信息的人员"。《内幕交易、泄露内幕信息司法解释》第 2 条对"非法获取证券、期货交易内幕信息的人员"作了界定。① 而处于

---

① 根据《内幕交易、泄露内幕信息司法解释》第 2 条规定，具有下列行为的人员应当认定为《刑法》第 180 条第 1 款规定的"非法获取证券、期货交易内幕信息的人员"：（1）利用窃取、骗取、套取、窃听、利诱、刺探或者私下交易等手段获取内幕信息的；（2）内幕信息知情人员的近亲属或者其他与内幕信息知情人员关系密切的人员，在内幕信息敏感期内，从事或者明示、暗示他人从事，或者泄露内幕信息导致他人从事与该内幕信息有关的证券、期货交易，相关交易行为明显异常，且无正当理由或者正当信息来源的；（3）在内幕信息敏感期内，与内幕信息知情人员联络、接触，从事或者明示、暗示他人从事，或者泄露内幕信息导致他人从事与该内幕信息有关的证券、期货交易，相关交易行为明显异常，且无正当理由或者正当信息来源的。

同一条第 4 款的利用未公开信息交易罪的构成要件中，并无"非法获取"的表述。因此，根据罪刑法定原则，利用因职务便利获取不包括窃取、骗取等非法手段获取。在理解和把握"利用因职务便利获取"时还应注意，获取行为必须与行为人的职务行为具有关联性。如果获取行为与职务无关，仅因工作关系熟悉相关环境，便利进入证券交易所、期货交易所、证券公司、期货经纪公司、基金管理公司、商业银行、保险公司等金融机构场所，或者通过偷听、交谈等方式获知的未公开信息，不属于"利用因职务便利获取"。

就第二个层面而言，要认定行为主体从事与该信息相关的证券、期货交易活动，或者明示、暗示他人从事相关交易活动是"利用"了未公开信息，需要对未公开信息的内容和之后发生的相关证券、期货交易活动之间的关联性作出判定。这是不同于内幕交易罪和泄露内幕信息罪的构成要件。此外，利用未公开信息交易罪中的"未公开信息"并非法律规定必须要公开的信息，因此这一未公开信息是否被利用，也难以通过信息公开时间来反推交易行为的异常性。应该看到，司法实践中对于这种关联性的判断存在一定困难。正如有人指出的，"利用未公开信息交易罪的成立必须以未公开信息的利用为前提将给指控带来极大的困难，实践中很难证明交易者的哪笔交易利用了未公开信息，哪笔又未利用未公开信息，在很多情况下，只要行为人否认利用了未公开信息，即使他已进行了交易，也会使指控搁浅"。①

---

① 浙江省丽水市人民检察院课题组：《利用未公开信息交易罪疑难问题探析》，载《河北法学》2011 年第 5 期。

对此，笔者认为，关于对未公开信息"利用"行为的判定，既涉及行为人自己从事的证券、期货交易活动与获取的未公开信息之间的相关性，也涉及行为人明示、暗示他人从事的证券、期货交易活动与其获取的未公开信息之间的相关性。对于后者，《利用未公开信息交易司法解释》已作出明确。根据《利用未公开信息交易司法解释》第4条的规定，《刑法》第180条第4款规定的行为人"明示、暗示他人从事相关交易活动"，应当综合以下方面进行认定：（1）行为人具有获取未公开信息的职务便利；（2）行为人获取未公开信息的初始时间与他人从事相关交易活动的初始时间具有关联性；（3）行为人与他人之间具有亲友关系、利益关联、交易终端关联等关联关系；（4）他人从事相关交易的证券、期货品种、交易时间与未公开信息所涉证券、期货品种、交易时间等方面基本一致；（5）他人从事的相关交易活动明显不具有符合交易习惯、专业判断等正当理由；（6）行为人对明示、暗示他人从事相关交易活动没有合理解释。尽管《利用未公开信息交易司法解释》第4条是关于行为人"明示、暗示他人从事相关交易活动"的司法认定规则，但是其中的第（2）、（3）、（4）、（5）、（6）项内容实际上更符合对未公开信息"利用"行为，即证券、期货交易活动与未公开信息之间相关性的判定。这一行为人明示、暗示他人从事的证券、期货交易活动与其获取的未公开信息之间相关性的推定判定规则，对于行为人自己从事的证券、期货交易活动与获取的未公开信息之间相关性的判定，也具有参考和指导意义。

据此，对于行为人自己从事的证券、期货交易活动与获取的未公开信息之间相关性的判断，也应主要着眼于二者之间的客观关联性予以推定,包括但不限于:行为人利用职务便利获取未公开信息后,是否存在多次买卖相同股票行为;在用客户资金买入证券或者其他金融产品前,行为人是否存在先行买入、先行卖出等异常交易行为;行为人获取未公开信息的初始时间与其从事相关交易活动的初始时间是否具有关联性;行为人从事相关交易的证券、期货品种、交易时间与未公开信息所涉证券、期货品种、交易时间等方面是否一致;行为人对其从事相关交易活动没有合理解释;等等。司法实践中,就有基金公司经理违反规定,利用其控制的个人账户,先于或同期于其所管理的基金多次买卖相同股票,情节严重的,只要有足够证据证明其操控的股票交易与其职务行为获取的未公开信息存在客观联系,即使没有造成相关股票股价异常波动,仍应以利用未公开信息交易罪论处的判例。[①]

(二)"违反规定"的认定与把握

根据刑法规定,利用未公开信息交易罪的客观行为方式中包括"违反规定"。综观我国刑法条文,使用"违反国家规定"这一表述的共有29处,而使用"违反规定"的仅有4处,除了本专题论及的利用未公开信息交易罪以外,还有第188条违规出具金融票证罪、第407条违法发放林木采伐许可证罪和第442条擅自出卖、转让军队房地产罪。根据《刑法》第96条规定,所谓违反国家规定,是指违反全国人民代表大会及其常务委员会制定的法律和决定,国务院制定的行政法规、规定的行政措施、发布的决定和命令。

显然,"违反规定"比"违反国家规定"的范围更广。立法

---

① 孙玮:《利用未公开信息交易罪的司法认定》,载《人民司法(案例)》2013年第4期。

机关相关部门负责人对《刑法修正案（七）》新增利用未公开信息交易罪指出，所谓"违反规定，从事与该信息相关的证券、期货交易活动"，不仅包括证券投资基金法等法律、行政法规所规定的禁止基金等资产管理机构的从业人员从事损害客户利益的交易等行为，也包括证监会发布的禁止资产管理机构从业人员从事违背受托义务的交易活动等行为。据此，本罪中的"违反规定"不仅包括法律、行政法规，还包括国务院直属单位颁布的规章性文件，但共性是"规定"效力的全国性。《利用未公开信息交易司法解释》第3条、《刑法》第180条第4款规定的"违反规定"，是指违反法律、行政法规、部门规章、全国性行业规范有关证券、期货未公开信息保护的规定，以及行为人所在的金融机构有关信息保密、禁止交易、禁止利益输送等规定。可以看出，《利用未公开信息交易司法解释》将本罪"违反规定"的"规定"进一步扩展到行为人所在的金融机构的地方性、区域性、内部性规定。笔者认为，行为人所在的金融机构有关信息保密、禁止交易、禁止利益输送等规定，必然来源于法律、行政法规、部门规章、全国性行业规范有关证券、期货未公开信息保护的规定，是对国家、行业性层面规定的细化，二者一脉相承，并不存在内容上的根本差异，因此，司法解释将"违反规定"的范围予以扩大，并不存在法理上的障碍。

（三）"明示、暗示他人从事相关交易活动"的认定与把握

理论上有人认为，"所谓明示、暗示他人从事相关交易活动，是指因职务便利而获取未公开信息的金融机构的从业人员或者有关监管部门、行业协会的工作人员，不是自己直接从事与该信息

相关的证券、期货交易活动，而是采取明示或者暗示的方法使他人从事与该信息相关的证券、期货交易活动"。① 笔者认为，该种观点存在同义反复的问题，且并未揭示"明示、暗示他人从事相关交易活动"的真实含义。所谓"明示"就是明确的表示，"暗示"则是使用含蓄的言语或示意的举动让人领会。"明示""暗示"行为最早出现在相关证券、期货法律规范中的表述是"建议"，即所谓明示、暗示中的"示"是指建议他人从事相关交易的行为，"明"和"暗"是相对于未公开信息的是否明确告知而言的。所谓明示，是指清楚、明白地告知他人未公开信息内容，并建议他人从事相关证券、期货交易的行为；所谓暗示，则是指不明确告知未公开信息内容，只是建议他人从事相关证券或期货交易的行为。② 在司法实践中，关于明示、暗示行为的认定，往往需要司法机关综合个案实际作出。比如，行为人以出售的方式将未公开信息告知他人，虽然并非行为人本人从事与该信息相关的证券、期货交易活动，行为人本人也可能不会因为他人从事相关交易活动直接获利，但是行为人对未公开信息的售卖行为，依然可以认定为"明示、暗示行为"。此外，需要进一步研究的两个问题是：第一，如何认定泄露未公开信息的行为性质；第二，如何认定从事相关交易活动的"他人"行为性质？

关于第一个问题，根据《刑法》第180条第4款，利用未公开信息交易罪的行为方式并不包括行为人泄露因职务便利获取的

---

① 古加锦：《利用未公开信息交易罪司法适用的疑难问题研究》，载《政治与法律》2015年第2期。

② 刘宪权、林雨佳：《利用未公开信息交易共同犯罪的认定》，载《政治与法律》2019年第4期。

内幕信息以外的其他未公开的信息,故从字面含义来说,证券交易所、期货交易所、证券公司、期货经纪公司、基金管理公司、商业银行、保险公司等金融机构的从业人员以及有关监管部门或者行业协会的工作人员泄露未公开信息的,不作为利用未公开信息交易罪论处。但是也应注意,对于该问题不应一概而论。如果行为人针对社会单纯地泄露未公开信息,并未明示、暗示特定个人从事相关交易活动,他人利用了这一未公开信息从事了相关的证券、期货交易活动,对于行为人不宜以利用未公开信息罪论处;反之,如果行为人故意向特定的个人泄露未公开信息,或者名义上向不特定多数人泄露该信息,但实际目的是针对不特定多数人中的特定个人泄露,并希望他人从事相关的证券、期货交易活动的,则可能构成利用未公开信息交易罪。

关于第二个问题,虽然我国刑法规定利用未公开信息交易罪的主体是特殊主体,即证券交易所、期货交易所、证券公司、期货经纪公司、基金管理公司、商业银行、保险公司等金融机构的从业人员以及有关监管部门或者行业协会的工作人员,但是本罪的客观行为方式的情形之一则依托于"他人"实施。《利用未公开信息交易司法解释》第9条第2款规定,行为人明示、暗示他人利用未公开信息从事相关交易活动,被明示、暗示人员从事相关交易活动所获利益或者避免的损失,应当认定为"违法所得"。第10条规定,行为人未实际从事与未公开信息相关的证券、期货交易活动的,其罚金数额按照被明示、暗示人员从事相关交易活动的违法所得计算。这足以说明"他人"与特定身份主体的关联度以及"他人"实施行为的重要性。具体来说,"他人"接受证券交易所、期货交易所、证券公司、期货经纪公司、基金管理公司、商业银行、保险公司等金融机构的从业人员以及有关监管部门或者行业协会的工作人员的明示、暗示，从事证券、期货交易活动。

　　从事实层面来说，"他人"是该种情形下利用未公开信息交易罪中不可或缺的一个主体；从规范层面来说，关于"他人"行为的定性就成为值得研究的问题。有人认为，在利用未公开信息交易罪的案件中，利用未公开信息交易的实行行为本质上是具有职务便利的人让未公开信息为自己或他人所利用，从而使自己或他人获益。换言之，能够实施利用未公开信息交易罪实行行为的人只可能是具有职务便利、能够直接获取未公开信息的特殊主体。因此，一般主体可以构成利用未公开信息交易罪的共犯（教唆犯或帮助犯），但是不能构成利用未公开信息交易罪的实行共犯。① 有人则认为，因职务便利而获取未公开信息的金融机构的从业人员或者有关监管部门、行业协会的工作人员明示、暗示（教唆或帮助）"他人"从事与该信息相关的证券、期货交易活动的，"他人"不过是被金融机构的从业人员或者有关监管部门、行业协会的工作人员作为"无身份而有故意的工具"加以利用，"他人"缺乏利用未公开信息交易罪的必要身份，不能成为该罪的正犯（实行犯），金融机构的从业人员或者有关监管部门、行业协会的工作人员不可能成为该罪的教唆犯或帮助犯，而只能是该罪的间接正犯，"他人"便利于该间接正犯犯罪行为的实施，

---

① 刘宪权、林雨佳：《利用未公开信息交易共同犯罪的认定》，载《政治与法律》2019年第4期。

符合帮助犯（从犯）的要求，是该罪的从犯（帮助犯）。① 笔者认为，对于"他人"接受证券交易所、期货交易所、证券公司、期货经纪公司、基金管理公司、商业银行、保险公司等金融机构的从业人员以及有关监管部门或者行业协会的工作人员的明示、暗示，从事证券、期货交易活动的行为定性，取决于"他人"与特定身份从业人员之间的主客观联系。主观上，如果"他人"与特定身份从业人员之间存在共谋；客观上，"他人"与特定身份从业人员的行为系一个整体，则对于"他人"接受特定身份从业人员的明示、暗示，从事证券、期货交易活动的行为，应当以利用未公开信息交易罪共犯论处。

三、本罪入罪标准"情节严重"的司法认定

根据《刑法》第180条第4款的规定，利用未公开信息交易罪的成立需要满足"情节严重"的条件。根据2010年5月7日最高人民检察院、公安部《关于公安机关管辖的刑事案件立案追诉标准的规定（二）》（以下简称《立案追诉标准（二）》）第36条规定，证券交易所、期货交易所、证券公司、期货公司、基金管理公司、商业银行、保险公司等金融机构的从业人员以及有关监管部门或者行业协会的工作人员，利用因职务便利获取的内幕信息以外的其他未公开的信息，违反规定，从事与该信息相关的证券、期货交易活动，或者明示、暗示他人从事相关交易活动，涉嫌下列情形之一的，应予立案追诉：（1）证券交易成交额累计在50

---

① 古加锦：《利用未公开信息交易罪司法适用的疑难问题研究》，载《政治与法律》2015年第2期。

万元以上的；（2）期货交易占用保证金数额累计在30万元以上的；（3）获利或者避免损失数额累计在15万元以上的；（4）多次利用内幕信息以外的其他未公开信息进行交易活动的；（5）其他情节严重的情形。《利用未公开信息交易司法解释》第5条规定，利用未公开信息交易，具有下列情形之一的，应当认定为《刑法》第180条第4款规定的"情节严重"：（1）违法所得数额在100万元以上的；（2）两年内三次以上利用未公开信息交易的；（3）明示、暗示三人以上从事相关交易活动的。《利用未公开信息交易司法解释》第6条规定，利用未公开信息交易，违法所得数额在50万元以上，或者证券交易成交额在500万元以上，或者期货交易占用保证金数额在100万元以上，具有下列情形之一的，应当认定为《刑法》第180条第4款规定的"情节严重"：（1）以出售或者变相出售未公开信息等方式，明示、暗示他人从事相关交易活动的；（2）因证券、期货犯罪行为受过刑事追究的；（3）两年内因证券、期货违法行为受过行政处罚的；（4）造成恶劣社会影响或者其他严重后果的。

  对此，我们应该看到，一方面，与《立案追诉标准（二）》相比，《利用未公开信息交易司法解释》在证券交易累计成交额、期货交易占用保证金数额、获利数额、利用内幕信息以外的其他未公开信息进行交易活动多次等判定标准的基础上，增加了明示、暗示人数，犯罪前科，行政违法前科等认定内容，对利用未公开信息交易罪"情节严重"的认定提出了更细化、更全面、更具可操作性的规则。另一方面，与《立案追诉标准（二）》相比，《利用未公开信息交易司法解释》对利用未公开信息交易罪设定了更高的入罪标准。

专题二 利用未公开信息交易罪司法适用

 法律链接

1.《中华人民共和国刑法》第 180 条

2.《中华人民共和国证券法》第 52 条、第 80 条第 2 款、第 81 条第 2 款

3. 最高人民法院、最高人民检察院《关于办理利用未公开信息交易刑事案件适用法律若干问题的解释》第 1 条、第 2 条、第 3 条、第 4 条、第 5 条、第 9 条第 2 款

4. 最高人民法院、最高人民检察院《关于办理内幕交易、泄露内幕信息刑事案件具体应用法律若干问题的解释》第 2 条

5. 最高人民检察院、公安部《关于公安机关管辖的刑事案件立案追诉标准的规定（二）》第 36 条

专题三　网络诽谤案件司法实务

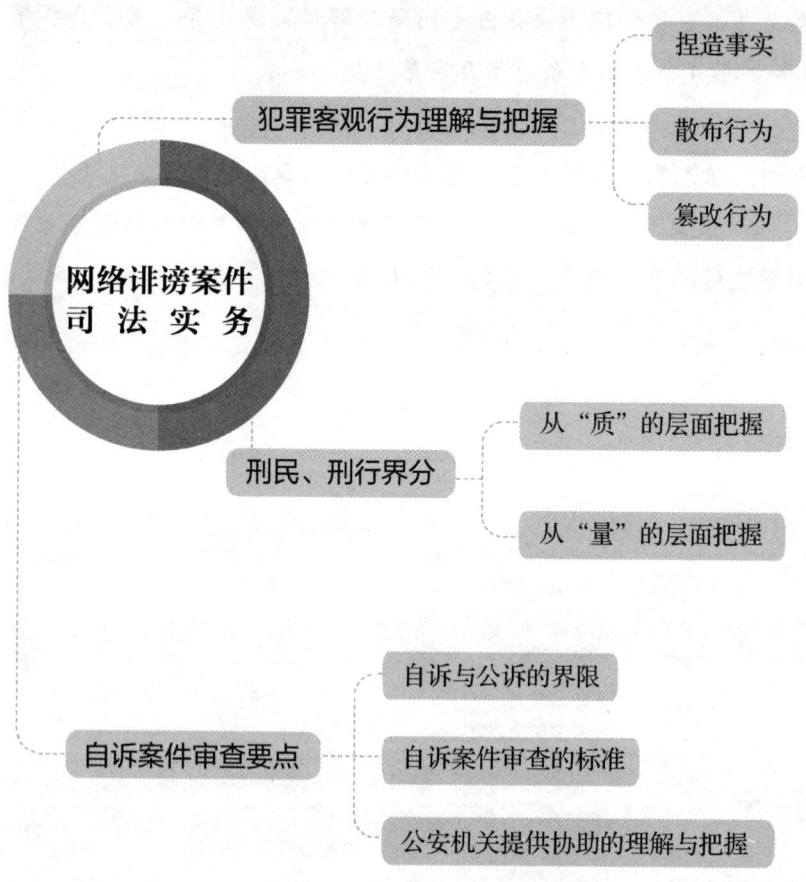

网络诽谤是随着信息网络不断发展而新出现的一种犯罪行为。1979 年刑法对诽谤罪的规定较为简单①，1997 年刑法对诽谤罪的构成要件和法定刑作了修改完善②。随着信息网络技术的发展和普及，诽谤行为发生的时空也发生了较大变化，由传统的现实领域或出版物领域③转向更多的在虚拟网络空间实施。与传统的诽谤相比，利用信息网络实施的诽谤行为具有更大的社会危害性。2009 年 8 月 27 日修正的全国人大常委会《关于维护互联网安全的决定》第 4 条规定，利用互联网侮辱他人或者捏造事实诽谤他人，构成犯罪的，依照刑法有关规定追究刑事责任。2015 年 8 月 29 日《刑法修正案（九）》在《刑法》第 246 条中增加一款作为第 3 款："通过信息网络实施第一款规定的行为，被害人向人民法院告诉，但提供证据确有困难的，人民法院可以要求公安机关提供协助。"由此正式在刑事立法层面明确了利用信息网络实施的诽谤行为。2013 年 9 月 10 日，最高人民法院、最高人民检察院《关于办理利用信息网络实施诽谤等刑事案件适用法律若

---

① 1979 年《刑法》第 145 条规定："以暴力或者其他方法，包括用'大字报'、'小字报'，公然侮辱他人或者捏造事实诽谤他人，情节严重的，处三年以下有期徒刑、拘役或者剥夺政治权利。前款罪，告诉的才处理。但是严重危害社会秩序和国家利益的除外。"

② 1997 年《刑法》第 246 条规定："以暴力或者其他方法公然侮辱他人或者捏造事实诽谤他人，情节严重的，处三年以下有期徒刑、拘役、管制或者剥夺政治权利。前款罪，告诉的才处理，但是严重危害社会秩序和国家利益的除外。"

③ 1998 年 12 月 17 日，最高人民法院《关于审理非法出版物刑事案件具体应用法律若干问题的解释》第 6 条规定："在出版物中公然侮辱他人或者捏造事实诽谤他人，情节严重的，依照刑法第二百四十六条的规定，分别以侮辱罪或者诽谤罪处罚。"

干问题的解释》（以下简称《网络诽谤司法解释》）对网络诽谤犯罪条款的具体应用问题作了说明，引起了社会广泛关注。应当看到，网络诽谤犯罪案件在司法实务中仍存在一些值得关注和研究的问题，本专题拟择其重点予以梳理分析。

一、网络诽谤犯罪客观行为的理解与把握

根据《刑法》第246条第1款和第3款规定，网络诽谤犯罪，是指通过信息网络实施捏造事实诽谤他人，情节严重的行为。网络诽谤是将信息网络作为实施诽谤行为的手段、工具或者场所，由于网络空间的虚拟性、迅捷性、扩散性等特征，使得网络诽谤行为具有一些新的特征，但其在行为性质上与传统的诽谤行为并无不同。根据《网络诽谤司法解释》第1条规定，具有下列情形之一的，应当认定为《刑法》第246条第1款规定的"捏造事实诽谤他人"：（1）捏造损害他人名誉的事实，在信息网络上散布，或者组织、指使人员在信息网络上散布的；（2）将信息网络上涉及他人的原始信息内容篡改为损害他人名誉的事实，在信息网络上散布，或者组织、指使人员在信息网络上散布的；明知是捏造的损害他人名誉的事实，在信息网络上散布，情节恶劣的，以"捏造事实诽谤他人"论。由此看来，网络诽谤犯罪中的"捏造事实诽谤他人"，包括捏造并散布、篡改并散布、明知捏造而散布三种行为。关于本罪客观行为的理解与把握，笔者认为应从以下三个方面展开：

（一）关于"捏造事实"的理解

《刑法》第246条第1款的原文表述是"捏造事实"。一般认

为,捏造,是指无中生有、凭空制造虚假的事实,是一种完全的虚构。如果事实客观上存在,行为人只是将尚未公布的客观事实通过信息网络散布,不属于"捏造事实",即使有损于他人的名誉,也不构成本罪。关于本罪"捏造事实"的"事实"的把握,还应注意两点:第一,"捏造事实"的"事实",仅指足以败坏他人名誉的事实。对此,学界存在一定表述争议。有学者指出:"诽谤是无中生有地捏造并散布某种足以损害他人名誉、人格的'事实'……它以虚构'事实'来'证明'被害人道德低下,品质恶劣,因而易使不明真相的人受骗上当,错误地去鄙视或憎恨被害人。"① 有人认为,"本罪在客观方面表现为行为人实施捏造并散布某种虚构的事实,足以贬损他人人格、名誉,情节严重的行为"。② 该种观点将本罪捏造的"事实"理解为与他人人格、名誉有关的"事实"。另一种观点则认为,本罪"构成要件的内容为,散布捏造的事实,足以败坏他人名誉"。③ 笔者认为,应结合民法理论对该问题予以认识分析。民事理论通说认为,名誉权是人格权的具体化。④《民法典》第990条第1款规定:"人格权是民事主体享有的生命权、身体权、健康权、姓名权、名称权、肖像权、名誉权、荣誉权、隐私权等权利。"由此看来,人格权

---

① 高铭暄:《中华人民共和国刑法的孕育诞生和发展完善》,北京大学出版社2012年版,第122页。
② 张军主编:《刑法分则及配套规定新释新解》(中)(第9版),人民法院出版社2016年版,第1059页。
③ 张明楷:《刑法学》(下)(第5版),法律出版社2016年版,第918页。
④ 王泽鉴:《人格权法:法释义学、比较法、案例研究》,北京大学出版社2013年版,第96页。

是名誉权的上位概念。因此，从更规范严谨的角度而言，将本罪捏造的"事实"理解为败坏名誉的事实较为妥当。《网络诽谤司法解释》明确的三种行为方式中，均将"捏造事实"中的"事实"限定表述为"损害他人名誉的事实"，是具有法理依据的。第二，"捏造事实"的"事实"是指具有某种程度具体内容且令人可信的事实。如果"捏造事实"的"事实"过于抽象，如仅仅在信息网络上散布某人"很坏"但是没有相对具体内容的"支撑"，或者行为人捏造的事实完全站不住脚，与社会常识不符，不足以贬损他人的名誉，如在信息网络上散布某人是古代某个恶霸转世而来，或者行为人捏造的事实并非针对特定的自然人（可以是多数自然人），而是不特定的多数人，也不可能贬损某人的名誉，其所捏造的事实，不属于本罪中捏造的"事实"。

（二）关于"散布行为"的理解

虽然刑法并未明示，但根据诽谤罪的行为特征以及《网络诽谤司法解释》有关规定，捏造事实并非诽谤罪的实行行为，诽谤罪的实行行为应是捏造事实并散布。刑法仅在损害商业信誉、商品声誉罪的构成要件中使用了"散布"一词。在其他罪名的罪状表述中较多使用了"传播""扩散""发布"等词语。笔者认为，散布行为和传播、发布等行为并无本质差异，都是指将有关信息在信息网络空间向社会公众公开扩散。值得注意的是，尽管信息网络空间中的散布行为以散布的内容较多以文字或图画等形式展现，但随着各类聊天室、微信群等兴起，行为人在这些信息网络空间用语音等方式散布足以贬损他人名誉的事实，也当然符合本罪中的"散布行为"。颇为遗憾的是，《网络诽谤司法解释》关于网络诽谤定罪量刑的标准，主要基于散布内容和散布行为系图文信息的立场，最为典型的就是将"同一诽谤信息实际被点击、浏览次数达到五千次以上，或者被转发次数达到五百次以上的"认定为《刑法》第 246 条第 1 款规定的"情节严重"。而一旦遇到通过语音信息散布的行为，如在微信群中通过发语音的方式散布捏造的他人事实，由于微信语音信息无法转发，在群聊天记录删除后也无法识别是否被群成员点击听取，因而难以计算实际被点击、浏览次数或者被转发次数。对此，应当引起我们的关注。

根据《网络诽谤司法解释》的规定，网络诽谤中的散布行为主要有五种：第一，在信息网络上散布自己捏造的损害他人名誉的事实；第二，组织、指使他人在信息网络上散布自己捏造的损害他人名誉的事实；第三，在信息网络上散布自己篡改的损害他人名誉的事实；第四，组织、指使他人在信息网络上散布自己篡改的损害他人名誉的事实；第五，在信息网络上散布明知是捏造的损害他人名誉的事实，情节恶劣的。值得注意的是，第五种散布行为采用了"散布行为+情节恶劣"的描述，缺少了"捏造"环节，表面上看与我国刑法关于诽谤罪的构成要件不符，有学者就据此认为，该"解释已经超出了刑法的原意，且不具有国民可预测性，属于以解释之名行类推之实"。① 但《网络诽谤司法解释》的考虑是，"如果某些别有用心的人利用他人发布的虚假信息，明知该信息系捏造，出于毁损特定人名誉的目的，在信息网

---

① 高铭暄、张海梅：《网络诽谤构成诽谤罪之要件》，载赵秉志等主编：《现代刑法学的使命》（下卷），中国人民公安大学出版社 2014 年版，第 1216 页。也有学者认为，这种解释属于平义解释而非类推解释。参见张明楷：《网络诽谤的争议问题探究》，载《中国法学》2015 年第 3 期。

络上加以广泛散布,由于行为人主观上具有侵犯他人名誉权的故意,客观上也对他人的名誉造成了实际损害,其本质与'捏造事实诽谤他人'并无二致"。①

可以看出,司法解释的立场是基于该种情形下散布行为与"捏造+散布"行为社会危害性的同质性,为了在社会危害性的量上实现均衡,司法解释明确该种情形下的散布行为必须同时满足情节恶劣。关于该种情形的"情节恶劣",司法解释并无明确规定。对此,笔者认为,一方面,应考虑到明知是捏造的损害他人名誉的事实而在信息网络上散布行为的"情节恶劣"与诽谤罪基本构成要件"情节严重"的区分,《网络诽谤司法解释》关于网络诽谤"情节严重"的四种情形,并不适用于明知是捏造的损害他人名誉的事实而在信息网络上散布行为的"情节恶劣",否则,极有可能导致同一散布行为既被评价为"情节恶劣"又被评价为"情节严重"的双重评价问题。另一方面,对"情节恶劣"的把握应主要着眼于明知是捏造的损害他人名誉的事实而在信息网络上散布行为本身的恶劣程度,如行为人的动机卑劣、散布的诽谤信息内容恶毒,故意在敏感时期或地点散布信息诽谤他人,多次散布信息诽谤他人,或者行为人诽谤他人的持续时间很长等。因此,明知是捏造的损害他人名誉的事实而在信息网络上散布的行为是否构成诽谤罪,除了要认定"情节恶劣"这一标明散布诽谤信息者行为本身的恶性程度以外,还要结合《网络诽谤司法解释》第2条"情节严重"的情形加以实质把握。

---

① 最高人民检察院法律政策研究室:《〈关于办理利用信息网络实施诽谤等刑事案件适用法律若干问题的解释〉解读》,载《人民检察》2013年第23期。

(三) 关于"篡改行为"的理解

根据《网络诽谤司法解释》第 1 条规定,"将信息网络上涉及他人的原始信息内容篡改为损害他人名誉的事实,在信息网络上散布,或者组织、指使人员在信息网络上散布的"行为,应当认定为《刑法》第 246 条规定的"捏造事实诽谤他人"。与将"明知是捏造的损害他人名誉的事实,在信息网络上散布,情节恶劣的"行为以"捏造事实诽谤他人"论一样,将篡改行为界定为捏造行为,也是对刑法具体条文的一种扩大解释。由于司法解释并未对篡改行为附加"情节恶劣"的要素,因此在立法者看来,篡改事实诽谤他人与捏造事实诽谤他人实际上是等置的。但是,根据文义,篡改,是指用作伪的手段改动原文或歪曲原意,是一种不完全的虚构,与无中生有、凭空制造完全虚假的事实毕竟不一样。由此,对于网络诽谤中的篡改行为,需要进一步厘清界定。

理论上有观点认为,本罪中的篡改是指"实质性修改",一般包括歪曲、放大、渲染等 3 种情形。① 司法实务观点则认为,该项规定主要针对"歪曲捏造"的情形,实践中除歪曲捏造外,还存在故意放大、渲染等情形,对此除非达到实质性修改的程度,否则一般不能认定为篡改。② 可以看出,上述两种观点并无本质差异,都强调本罪中的"篡改"应指"实质性修改"。笔者认为,将本罪中的"篡改"理解为"实质性修改"大体是妥当

---

① 杜曦明:《利用信息网络实施的诽谤犯罪实务问题研究》,载《法律适用》2013 年第 11 期。
② 最高人民法院刑事审判第三庭:《〈关于办理利用信息网络实施诽谤等刑事案件适用法律若干问题的解释〉的理解与适用》,载《人民司法》2013 年第 21 期。

的，也符合网络诽谤行为入罪的立法原意。但是在进一步界定"实质性修改"时，应该把握两点：

第一，"实质性修改"所针对的对象只能是涉及他人的原始信息内容，且这一原始信息内容不损害他人名誉，但是这一原始信息内容并不一定要求是可以证明的真实信息。这是因为，根据虚拟网络空间信息发布、传播特点，信息网络上涉及他人的原始信息内容，既有可能是"他人"本人发布，也可能是非本人发布（如由别人发布的原始帖子）；既可能是客观真实的，也可能是虚构的，如果要求"实质性修改"的对象是原始的、可被证实的第一手信息，将会不当限缩网络诽谤犯罪的惩处范围。笔者认为，网络诽谤犯罪侵犯的法益是他人的名誉权，无论是"实质性修改"涉及他人原始的、可被证实的第一手信息，还是非原始的、不真实的信息内容，只要信息内容的原始状态尚未损害他人名誉，而行为人通过篡改导致他人名誉受损，情节严重的，均可能构成诽谤罪。

第二，"实质性修改"应达到使信息内容的性质发生改变的程度，进而导致公众对被害人的社会评价降低。由不损害他人名誉到损害他人名誉，这是宏观层面性质的改变。在这一宏观指引下，还需做一些更微观的分析。由不损害他人名誉到损害他人名誉，既包括将正常（日常）行为歪曲为不道德行为，比如，被害人与异性友人在饭店吃饭，行为人恶意歪曲为被害人与他人在酒店"开房"；也包括将不道德行为歪曲为违法甚至犯罪行为，比如，被害人与情人在约会（吃饭），行为人恶意歪曲为被害人与情人在酒店开房或与多名情人在酒店开房淫乱。值得注意的是，如果行为人仅仅是夸大、渲染了涉及他人的原始信息内容，或者该涉及他人的原始信息内容本身就系违法而行为人加以放大的，则不宜认定为导致行为性质发生改变，如将他人拥有5套住房的信息内容夸大为拥有10套，将他人拥有10个情妇的信息内容夸大为20个，将被害人行政违法的信息内容夸大为刑事犯罪等，行为人将上述篡改的信息内容在信息网络上散布的，不属于"实质性修改"。

二、网络诽谤犯罪认定中的刑民、刑行界分问题

根据刑法规定，网络诽谤犯罪，是指通过信息网络实施捏造事实诽谤他人，情节严重的行为。根据2018年1月16日最高人民法院、最高人民检察院、公安部、司法部《关于办理黑恶势力犯罪案件若干问题的指导意见》精神，如果组织或者雇佣网络"水军"在网上实施威胁、恐吓、侮辱、诽谤、滋扰的，还有可能构成黑恶势力。[①] 根据《治安管理处罚法》（2012年修正）第42条规定，有下列行为之一的，处5日以下拘留或者500元以下罚款；情节严重的，处5日以上10日以下拘留，可以并处500元以下罚款：（1）写恐吓信或者以其他方法威胁他人人身安全的；（2）公然侮辱他人或者捏造事实诽谤他人的；（3）捏造事实诬告陷害他人，企图使他人受到刑事追究或者受到治安管理处罚的；（4）对证人及其近亲属进行威胁、侮辱、殴打或者打击报复的；

[①] 根据2018年1月16日最高人民法院、最高人民检察院、公安部、司法部《关于办理黑恶势力犯罪案件若干问题的指导意见》规定，组织或者雇佣网络"水军"在网上威胁、恐吓、侮辱、诽谤、滋扰的黑恶势力，是司法机关和司法行政机关聚焦和打击的黑恶势力重点领域。

(5)多次发送淫秽、侮辱、恐吓或者其他信息,干扰他人正常生活的;(6)偷窥、偷拍、窃听、散布他人隐私的。"根据治安管理处罚法的规定,捏造事实诽谤他人,情节严重的,处5日以上10日以下拘留,可以并处500元以下罚款。可以看出,治安管理处罚层面的诽谤行为和刑法调整层面的诽谤行为的构成要件完全一致。由于诽谤罪侵犯的法益是公民个人的名誉权,而侵犯公民个人名誉权的行为,也被民事侵权法律所调整。如2014年8月21日最高人民法院《关于审理利用信息网络侵害人身权益民事纠纷案件适用法律若干问题的规定》第1条就明确规定:"本规定所称的利用信息网络侵害人身权益民事纠纷案件,是指利用信息网络侵害他人姓名权、名称权、名誉权、荣誉权、肖像权、隐私权等人身权益引起的纠纷案件。"由此带来了网络诽谤犯罪认定中的刑民、刑行衔接问题。

笔者认为,关于网络诽谤犯罪认定中的刑民、刑行衔接问题,应着眼于从"质"和"量"两个层面做进一步的梳理分析:

(一)从"质"的层面准确把握网络诽谤犯罪认定中的刑民、刑行界分

有人认为,构成诽谤罪的诽谤行为,必须是情节严重的;而违反治安行政法规的诽谤行为,必须局限于"尚不构刑事处罚"的。民事性质的名誉侵权行为,不仅在违法程度上轻于诽谤犯罪行为以及违反治安行政法规的诽谤行为,而且还具有以下不同:第一,诽谤罪散布的必须是捏造的虚假的事实。如果散布的是客观存在的事实,虽然有损于他人人格、名誉,但不构成诽谤罪。而名誉侵权行为,即使所述的内容是真实的,但只要是法律禁止公开宣扬的,公开了将有损于他人人格、名誉,也可以构成名誉

侵权。第二，法人、团体、组织不能成为诽谤罪的犯罪对象，而在名誉侵权行为中，法人、团体、组织可以成为受害者。第三，诽谤犯罪行为的主观方面必须是直接故意，而名誉侵权的主观过错包括过失行为。①

笔者基本赞同这种从主客观方面所确立的关于诽谤行为刑事、行政和民事法律调整的界分标准。同时也认为，关于网络诽谤犯罪认定中的刑民、刑行界分，还应注意两个方面：第一，坚持网络诽谤犯罪是具体危险犯。有学者认为，诽谤罪是抽象的危险犯。② 笔者不赞同这种观点，网络诽谤行为构成犯罪的，必须是捏造事实并散布的行为已经实施完毕，且从已散布的情况来看已达到足以败坏他人名誉，其社会危害性也已经达到值得科处刑罚的程度。如果将诽谤罪认定为抽象危险犯，不仅将扩大网络诽谤犯罪的处罚范围，而且会进一步模糊网络诽谤犯罪行为与网络诽谤行政违法、民事侵权行为之间的界限，因此，将诽谤罪认为是抽象的危险犯这种观点实不足取。第二，坚持网络诽谤行为刑事调整的最后性。我国关于网络诽谤行为的法律调整，形成了民事—行政—刑事三位一体的路径。理论上一般认为，刑事法律是保障法，是对违法行为的二次评价。这一理论既符合人类对社会现象由浅入深的认识规律，也与法律体系的内在逻辑相协调。笔者认为，对于网络诽谤行为的法律调整，应当首先考虑适用行政、民事等非刑事法律，只有在行政、民事等非刑事法律无法调

---

① 张军主编：《刑法分则及配套规定新释新解》（中）（第9版），人民法院出版社2016年版，第1060页。

② 张明楷：《刑法学》（下）（第5版），法律出版社2016年版，第920页。

整,或者用行政、民事等法律调整无法完全评价行为性质即可能会出现有失公平正义的情况时,才可考虑刑事法律的跟进,以充分实现刑事法律的保障法功能。需要指出的是,坚持网络诽谤行为刑事调整的最后性,优先考虑适用行政、民事等法律,是一种思考问题和处理案件的思路,并非最终解决方案,网络诽谤行为的法律定性,最终应回归于不同行为的性质及其表征的社会危害性。

(二)从"量"的层面准确把握网络诽谤犯罪认定中的刑民、刑行界分

最高人民检察院、公安部联合印发的关于公安机关管辖的刑事案件立案追诉标准并未涉及诽谤罪的入罪标准。《网络诽谤司法解释》第2条就网络诽谤犯罪中的"情节严重"作了列举式明确。根据该司法解释第2条,利用信息网络诽谤他人,具有下列情形之一的,应当认定为《刑法》第246条第1款规定的"情节严重":(1)同一诽谤信息实际被点击、浏览次数达到500次以上,或者被转发次数达到500次以上的;(2)造成被害人或者其近亲属精神失常、自残、自杀等严重后果的;(3)两年内曾因诽谤受过行政处罚,又诽谤他人的;(4)其他情节严重的情形。应当看到,除了第四种情形,《网络诽谤司法解释》明确的应当认定为"情节严重"的前三种情形均具有较强的可操作性,对于网络诽谤的入罪标准具有指引价值。换言之,对于同一诽谤信息实际被点击、浏览次数5000次以下,或者被转发次数500次以下的;未造成被害人或者其近亲属精神失常、自残、自杀等严重后果的;再次实施诽谤行为与曾因诽谤受行政处罚的时间间隔超过两年的等网络诽谤行为,应由治安管理处罚法或民事侵权法调整。需要注意的是,同一诽谤信息实际被点击、浏览次数达到

5000次以上,或者被转发次数达到500次以上,是否要求扣除失真的次数?比如,被害人自己点击、浏览的次数,网站管理员为增加流量或维护网站而故意点击的次数等。与该问题联系紧密的另一个问题是,是否要求同一诽谤信息被点击、浏览或转发的次数必须由不同的主体实施?是否要扣除重复点击、浏览、转发的次数?

对此,学界主要存在两种观点:一种观点认为,"因其不周密的设计①,也会导致一个人是否构成犯罪或是否符合'诽谤罪'的标准并不完全由犯罪人自己的行为来决定,而是夹杂进其他人的行为推动(如'点击'和'转发'等),甚至最终构罪与否要看他人实际被点击或转发的次数。尤其应当引起注意的是,假如有一个人想治罪于最初发布网络信息行为人的话,只要'恶意'地拼命点击或转发就可以了。这是否有'客观归罪'或'他人助罪'之嫌?因此,《解释》所导致的司法操作上的漏洞不仅不符合刑法基本原理,甚至易被别有用心的他人所利用,从而引发出新的社会矛盾"。②该种观点表面上是质疑批评《网络诽谤司法解释》第2条第1项,但隐含的意思是司法解释提及的诽谤信息的实际被点击、浏览次数和被转发次数存在失真性,应予以个别化考虑。相反的观点则认为,"行为人将捏造的信息放置于网络上后,无论点击、浏览或者转发者出于什么样的动机,行为人本身对于该谣言的散布传播听之任之就符合了诽谤罪的客观行为要求,主观心理为间接故意,间接故意也属于故意,因此,认定为诽谤罪不存在障

---

① 指《网络诽谤司法解释》第2条第1项。
② 李晓明:《诽谤行为是否构罪不应由他人的行为来决定——评"网络诽谤"司法解释》,载《政法论坛》2014年第1期。

碍。所以,'同一诽谤信息实际被点击、浏览次数达到五千次以上,或者被转发次数达到五百次以上'的规定不存在客观归罪的问题"。① 有学者更为明确地指出,"只要行为人在网络上散布捏造的信息,就明知他人会点击、浏览或者转发。至于其散布的信息被谁点击、浏览或者转发,以及同一人是否可能多次点击浏览或者转发,并不是诽谤罪的故意认识内容"。② 该学者进一步主张,"在网络诽谤的场合,即使事实上只有少数人点击、浏览、转发诽谤内容,但客观上则是多数人随时可能点击、浏览、转发诽谤内容,因此被害人的名誉总是面临被毁损的危险……所以,网络诽谤的特点,决定了其本身就是值得处罚的情节严重的行为"。③

笔者认为,一方面,应严格遵循《网络诽谤司法解释》关于网络诽谤入罪"量"的标准,这是准确把握网络诽谤犯罪认定中的刑民、刑行界分的重要依据。"转发的次数是相对能客观反映诽谤行为的社会危害性的量化指标,也是公安部门根据司法实践,结合大量现实案例而提出的,如果没有这样一个明确的标准,在司法实践中很难具体操作。"④ 这一明确的操作标准,不应

---

① 程红、李恒虎:《供给与剥离:刑法治理网络谣言的取舍之道》,载赵秉志等主编:《现代刑法学的使命》(下卷),中国人民公安大学出版社2014年版,第1167页。

② 张明楷:《网络诽谤的争议问题探究》,载《中国法学》2015年第3期。

③ 张明楷:《网络诽谤的争议问题探究》,载《中国法学》2015年第3期。

④ 最高人民检察院法律政策研究室:《〈关于办理利用信息网络实施诽谤等刑事案件适用法律若干问题的解释〉解读》,载《人民检察》2013年第23期。

随意否定。尤其需要注意，这一"量"的标准是实然标准，针对的是已经发生的事实，如果事实上只有少数人点击、浏览、转发诽谤内容，即便客观上多数人随时可能点击、浏览、转发诽谤内容，被害人的名誉总是面临被毁损的危险，与诽谤信息实际被点击、浏览次数或转发次数并非同一概念。将诽谤信息实际被点击、浏览次数或转发次数扩大解释为多数人随时可能点击、浏览或转发的次数，不仅会不当扩大网络诽谤犯罪的惩处范围，而且使得网络诽谤犯罪构成要件面临虚化的风险。

另一方面，同一诽谤信息实际被点击、浏览次数或者被转发次数，包括同一主体重复点击、浏览或转发次数，但司法机关在具体认定时不能机械理解和适用，还应根据个案情况加以实质把握。具体来说，在计算同一诽谤信息实际被点击、浏览次数或者被转发次数时，应扣除失真次数或明确不合理的次数，比如，被害人为了让行为人受到刑事处罚，故意自己点击或者组织、指使他人点击、浏览或转发的重复次数；又如，网站管理员为增加流量或维护网站而故意点击或者组织、指使他人点击、浏览或转发的重复次数；再如，其他人出于各种目的而点击或者组织、指使他人点击、浏览或转发的重复次数，这些重复次数本质上是因故意虚假点击、浏览、转发而产生，如果不将这些虚增、失真的次数予以扣除，将导致处罚上的不合理。

三、网络诽谤犯罪自诉案件的审查要点

根据《刑法》第246条第2款规定，网络诽谤犯罪系自诉案件。考虑到信息网络空间的虚拟性、易变性等特点，被害人通过正常途径往往难以查实网络诽谤犯罪行为主体身份，难以收集、

固定相应的犯罪证据,尤其是《网络诽谤司法解释》第 2 条第 1 项规定的同一诽谤信息实际被点击、浏览次数或者被转发次数的认定,更涉及技术手段。为此,《刑法修正案(九)》新增了《刑法》第 246 条第 3 款,根据该款规定,通过信息网络实施诽谤行为,被害人向人民法院告诉,但提供证据确有困难的,人民法院可以要求公安机关提供协助。应当看到,我国法律对此规定的较为原则,《网络诽谤司法解释》对此也没有专门涉及,但司法实践中的情况复杂,为了在实践中充分运用好这一条文,笔者认为需要准备把握以下几个方面要点:

(一)网络诽谤犯罪自诉与公诉的界限

1979 年刑法就规定了诽谤罪系自诉案件。1979 年刑法和 1997 年刑法关于诽谤罪自诉案件的例外情形均为"严重危害社会秩序和国家利益"。虽然《刑法修正案(九)》新增了《刑法》第 246 条第 3 款,但是这并未改变网络诽谤犯罪属于自诉案件的事实。理论上有人认为,"网络诽谤犯罪案件仍应以自诉程序为主,慎重适用公诉程序,以防止少数地方和部门利用国家公权力限制、打击公民正常的舆论监督和言论自由,避免出现抓捕网民、媒体记者等极端恶劣事件的发生"。[①]

笔者认为,网络诽谤犯罪案件适用哪种程序,应根据网络诽谤犯罪行为作具体性、个别化的判定。其中的核心问题是对"严重危害社会秩序和国家利益"的理解。2009 年 4 月 3 日,公安部发布《关于严格依法办理侮辱诽谤案件的通知》,对应当认定为

---

① 最高人民法院刑三庭课题组:《利用网络实施的诽谤犯罪研究》,载《人民司法》2012 年第 21 期。

"严重危害社会秩序和国家利益"进行了列举，根据该通知，以侮辱罪、诽谤罪立案侦查，作为公诉案件办理的情形包括三类：（1）因侮辱、诽谤行为导致群体性事件，严重影响社会秩序的；（2）因侮辱、诽谤外交使节、来访的外国国家元首、政府首脑等人员，造成恶劣国际影响的；（3）因侮辱、诽谤行为给国家利益造成严重危害的其他情形。可以看出，上述列举的情形依然较为模糊。《网络诽谤司法解释》对"严重危害社会秩序和国家利益"的情形作了进一步细化，包括：（1）引发群体性事件的；（2）引发公共秩序混乱的；（3）引发民族、宗教冲突的；（4）诽谤多人，造成恶劣社会影响的；（5）损害国家形象，严重危害国家利益的；（6）造成恶劣国际影响的；（7）其他严重危害社会秩序和国家利益的情形，为司法实践提供了更为清晰的操作指引。在理解与适用时，对于"严重危害社会秩序和国家利益"应从严把握，一方面，尽管网络诽谤行为通过信息网络实施，但上述（1）、（2）、（3）三种情形应侧重于网络诽谤行为对现实领域的影响，而并非单纯引起网络秩序混乱、引发"网络群体性事件"或引起"网络民族、宗教冲突"。另一方面，对于"其他严重危害社会秩序和国家利益的情形"的认定，应遵循同类解释规则，确保被认定的严重危害社会和国家利益的行为，与前六项在性质上保持等置。

（二）网络诽谤犯罪自诉案件审查的标准

根据《刑事诉讼法》第211条规定，人民法院对于自诉案件进行审查后，按照下列情形分别处理：（1）犯罪事实清楚，有足够证据的案件，应当开庭审判；（2）缺乏罪证的自诉案件，如果自诉人提不出补充证据，应当说服自诉人撤回自诉，或者裁定驳回。根据最高人民法院《关于适用〈中华人民共和国刑事诉讼法〉的解释》第259条规定,人民法院受理自诉案件必须符合自诉案件范围、属于本院管辖、被害人告诉以及有明确的被告人、具体的诉讼请求和证明被告人犯罪事实的证据四个条件。因此,人民法院对于自诉案件的审查包括事实和证据两个方面,事实方面包括被告人姓名、住址、联系方式,被告人实施犯罪的时间、地点、手段、情节和危害后果,自诉人具体的诉讼请求等;证据方面包括证据的名称、来源、所证明的事实内容等。

  一般认为,人民法院对提起的自诉案件应当进行全面审查,既包括对自诉材料是否符合形式要求的审查,也包括审查犯罪事实是否清楚,证据是否足够。① 但是应当注意,"证据足够"与证据"确实充分"并非一个概念,自诉案件的立案审查标准不同于"犯罪事实清楚,证据确实、充分的"定罪量刑标准,自诉案件审查标准中的"犯罪事实清楚"主要指被告人身份信息、被告人实施的犯罪行为等明确具体,"证据足够"主要指有具体的证据名称,证据来源及所证明的事实内容清晰,证据之间以及证据与事实之间具有关联性,而并非同时要求客观性和合法性。此外,经审查缺乏罪证的自诉案件,人民法院应当告知自诉人提供补充证据,而不是直接裁定驳回自诉人起诉。尤其是针对网络诽谤犯罪自诉案件,事实和证据多发生于虚拟网络空间,具有较大的流变性,难以确定和固定,如果对于该类自诉案件坚持过高的审查标准,可能不利于保护自诉人的合法权益。

---

  ① 张军、江必新:《新刑事诉讼法及司法解释适用解答》,人民法院出版社2013年版,第268页。

司法实践中的个案也体现了这一思路和情形。如在姚某自诉崔某诽谤一案中，自诉人姚某向法院提交了经广东省深圳市公证处公证的，以网名"志愿者崔某""公益志愿者崔某"以及"深圳市红十字会器官捐赠志愿者会会长"等名义发布的网络帖文打印件。一审法院认为，自诉人姚某向一审法院提交了相关网络帖文打印件等证件，但提供的证据不能证实所控诉的行为是否达到情节严重的犯罪起点，故自诉人姚某指控被告人崔某犯诽谤罪的证据不足，遂裁定驳回自诉人姚某对被告人崔某犯诽谤罪的起诉。二审法院认为，原审对于崔某是否存在捏造事实的行为未予查明，仅以姚某不能证实所控诉的行为是否达到情节严重的犯罪起点为由裁定驳回起诉，缺乏依据，处理欠妥，应予纠正，遂撤销一审刑事裁定，指定相应法院进行审理。① 本案为网络诽谤犯罪自诉案件审查标准的提供了很好的个案样本。

（三）关于公安机关提供协助的理解与把握

网络诽谤犯罪自诉案件的特殊之处在于，对于被害人提供证据有困难的，人民法院可以要求公安机关提供协助。根据人民警察法规定，保护公民人身安全、人身自由和合法财产，预防、制止和惩治违法犯罪活动，是公安机关的职责和任务。实践中，人民法院要求公安机关提供协助的，公安机关应当提供协助。理论上通说认为，公安侦查职能在网络诽谤犯罪自诉程序中具有重要作用，第一，公安机关具备侦查人员和侦查技术，可达到事半功

---

① 深圳市罗湖区人民法院（2015）深罗法刑二初字第229号刑事裁定书、深圳市中级人民法院（2015）深中法刑一终字第1494号刑事裁定书。

倍的效果；第二，可避免法院被调查取证工作所拖累，保持其居中裁判的属性，增加裁判的中立性、权威性；第三，可以有效解决被害人举证困难的问题，保障被害人能依法有效行使自诉权。① 对此，笔者予以认同。《刑法修正案（九）》新增的这一条款，既考虑到信息网络空间的特征，也充分关照到了惩处网络诽谤犯罪行为的实际需要。但对于如何理解公安机关提供协助，理论上鲜有人论及。

笔者认为，在对公安机关提供协助的理解与把握中，首先需要对其前提条件即"被害人提供证据有困难"作出解释。"被害人提供证据有困难"的认定，一方面应从被害人自身的客观能力出发对困难有无及大小作出实质判断。受工作职位、身份、物质条件等因素影响，不同的网络诽谤被害人在获取证据的能力上存在差异，因此对于被害人提供证据有困难的审查，难以设定一条通行通用的标准，而应结合被害人实际情况作出个别化判定。另一方面，"被害人提供证据有困难"，应主要着眼于被害人提供证据客观上存在的困难，而不包括被害人主观上因各种原因不愿提供的情形。实践中还有一种情况，因被害人对法律不甚了解，对于提起网络诽谤自诉案件需要收集、固定、准备哪些证据材料以及如何收集、固定证据材料也并非十分清楚，基于主观认识未能穷尽相应手段，对此显然应予排除。总之，经人民法院审查后，认为被害人完全有条件、有能力提供相应证据的，不属于"被害人提供证据有困难"的情形。只有对于经审查后认为被害人提供

---

① 吴心斌、温锦资：《利用网络诽谤犯罪自诉案件的审查要点》，载《人民司法》2016年第14期。

证据客观上确有困难的，法院才可以要求公安机关提供协助。提供协助，主要是指由公安机关协助查明网络诽谤犯罪嫌疑人的身份信息，向互联网企业或互联网管理平台调取能够证明诽谤行为达到"情节严重"标准的有关证据，协助人民法院查明有关案情等。

 法律链接

1. 全国人民代表大会常务委员会《关于维护互联网安全的决定》第 4 条

2. 《中华人民共和国刑法》第 246 条

3. 《中华人民共和国治安管理处罚法》第 42 条

4. 最高人民法院、最高人民检察院《关于办理利用信息网络实施诽谤等刑事案件适用法律若干问题的解释》第 1 条、第 2 条、第 3 条

5. 最高人民法院、最高人民检察院《关于审理利用信息网络侵害人身权益民事纠纷案件适用法律若干问题的规定》第 1 条

6. 公安部《关于严格依法办理侮辱诽谤案件的通知》第 2 点

专题四　侵犯公民个人信息罪司法适用

- 侵犯公民个人信息罪司法适用
  - 公民个人信息范围的界定
    - 公民个人信息的种类
    - 公民个人信息的属性
    - 公民个人信息的公开性与秘密性
  - 客观行为的界定
    - "出售"和"提供"的认定
    - "违反国家有关规定"的认定
    - "窃取或者以其他方法非法获取"的认定
  - 与相关犯罪行为的界限
    - 非法使用公民个人信息行为的定性
    - 与信息网络相关犯罪的界分

随着我国经济社会的快速发展和信息网络的广泛普及,个人信息的价值日益凸显,随之而来的侵害公民个人信息的违法犯罪日益突出,严重侵害公民的人身、财产安全和生活安宁,人民群众反映强烈。《刑法》第253条之一规定了侵犯公民个人信息罪,2017年6月1日,最高人民法院、最高人民检察院《关于办理侵犯公民个人信息刑事案件适用法律若干问题的解释》(以下简称"两高"《解释》)对该罪的司法适用问题也进行了明确。然而,由于司法实践的复杂性以及法律条文本身的原则性,关于侵犯公民个人信息犯罪的理解与适用仍存在较大争议,需要进一步加以分析。

一、侵犯公民个人信息犯罪的法律沿革

1979年刑法并无关于公民个人信息犯罪的条文。1997年《刑法》第253条规定了私自开拆、隐匿、毁弃邮件、电报罪,将邮政工作人员私自开拆或者隐匿、毁弃邮件、电报的行为纳入刑法调整的范围,可以说是我国刑法保护公民个人信息的雏形。侵犯公民个人信息的行为真正意义上进入刑法评价的视野则始于2009年2月28日《刑法修正案(七)》。《刑法修正案(七)》在刑法中增设了侵犯公民个人信息犯罪,包括出售、非法提供公民个人信息罪和非法获取公民个人信息罪两个罪名,为准确惩处该类犯罪行为提供了法律依据,对于遏制该类犯罪行为起到了良好的作用。但是也应当看到,受犯罪主体、犯罪客观方面和刑法配置方面的限制,《刑法修正案(七)》新增的侵犯公民个人信息犯罪在实践中的威慑力稍显不足。尤其是随着互联网技术的高速发展和信息化建设的推进,侵犯公民个人信息犯罪仍呈现高发、多发态势,且与电信网络诈骗、敲诈勒索等犯罪存在密切关联,社

会危害日益严重。据统计，2009年2月至《刑法修正案（九）》颁行前的2015年10月，全国法院新收出售、非法提供公民个人信息、非法获取公民个人信息刑事案件988起，审结969起，生效判决人数1415人。其中，新收出售、非法提供公民个人信息刑事案件101件，审结98件，生效判决人数142人；新收非法获取公民个人信息刑事案件887件，审结871件，生效判决人数1273人。①

为切实加大对公民个人信息的刑法保护力度，2015年11月1日起施行的《刑法修正案（九）》对侵犯公民个人信息犯罪进行了修改完善，主要体现在三个方面：一是扩大犯罪主体的范围，将"国家机关或者金融、电信、交通、教育、医疗等单位的工作人员"修改为一般主体，规定任何单位和个人均可构成本罪；二是拓展了客观行为方式，将"违反国家规定"修改为"违反国家有关规定"，将"本单位在履行职责或者提供服务过程中获得的公民个人信息，出售或者非法提供给他人"修改为"向他人出售或者提供公民个人信息"，且明确规定将在履行职责或者提供服务过程中获得的公民个人信息，出售或者提供给他人的，从重处罚；三是提高法定刑配置，增加规定"情节特别严重的，处三年以上七年以下有期徒刑，并处罚金"。修改后，出售、非法提供公民个人信息罪和非法获取公民个人信息罪被整合为侵犯公民个人信息罪。其具体刑法条文表述为（第253条之一）："违反国家有关规定，向他人出售或者提供公民个人信息，情节严重的，处三年以下有期徒刑或者拘役，并处或者单处罚金；情节特别严重

---

① 喻海松：《侵犯公民个人信息罪的司法适用态势与争议焦点探析》，载《法律适用》2018年第7期。

的,处三年以上七年以下有期徒刑,并处罚金。违反国家有关规定,将在履行职责或者提供服务过程中获得的公民个人信息,出售或者提供给他人的,依照前款的规定从重处罚。窃取或者以其他方法非法获取公民个人信息的,依照第一款的规定处罚。单位犯前三款罪的,对单位判处罚金,并对其直接负责的主管人员和其他直接责任人员,依照各该款的规定处罚。"

二、关于公民个人信息范围的界定

公民个人信息的范围,是理解与适用侵犯公民个人信息罪的核心问题之一,不仅关系到本罪的入罪边界,也是刑法保护公民个人信息力度的直接体现。"两高"《解释》对"公民个人信息"的范围作了界定,根据"两高"《解释》第1条规定,公民个人信息,是指以电子或者其他方式记录的能够单独或者与其他信息结合识别特定自然人身份或者反映特定自然人活动情况的各种信息,包括姓名、身份证件号码、通信通讯联系方式、住址、账号密码、财产状况、行踪轨迹等。对此笔者认为可以从三个方面予以进一步理解:

(一) 公民个人信息的种类

笔者认为,"两高"《解释》关于公民个人信息范围的界定以网络安全法关于公民个人信息的界定为基础,但外延大于网络安全法。《网络安全法》第76条规定的个人信息,仅指"单独或者与其他信息结合识别自然人个人身份的各种信息",而"两高"《解释》规定的个人信息,既包括个人身份信息,也包括反映特定自然人活动情况的各种信息。"两高"《解释》列举了7种个人信息，除此之外，只要是能够单独或者与其他信息结合识别特定自然人身份或者反映特定自然人活动情况的各种信息，均属于本罪中的公民个人信息，如网络安全法和"两高"《解释》中均未列举的年龄、婚姻状况、工作单位、学历、履历等。此外，涉及公民个人信息种类的另一个重要问题是，公民个人信息的主体是否限于中国公民？《刑法》第253条之一和"两高"《解释》关于本罪犯罪对象的表述均使用了"公民个人信息"这一表述，而并非"中华人民共和国公民个人信息"，从语义解释的角度来看，侵犯公民个人信息罪中的"公民个人信息"不宜仅限于我国公民的个人信息，还应包括外国公民和其他无国籍人的个人信息，但是不包括非"个人"的单位信息。

（二）公民个人信息的属性

根据"两高"《解释》第1条规定，公民个人信息，是指以电子或者其他方式记录的能够单独或者与其他信息结合识别特定自然人身份或者反映特定自然人活动情况的各种信息。据此，公民个人信息一般有两种属性，一种是能够单独识别特定自然人身份或者反映特定自然人活动情况，另一种是与其他信息结合后识别特定自然人身份或者反映特定自然人活动情况。不管哪一种情形，公民个人信息必须与特定自然人相关联，具有"识别性"。这是公民个人信息的关键属性。理论上也有人称之为映射性。[①] 因此，经过处理无法识别特定个人且不能复原的信息，虽然也可能反映自然

[①] 郑旭江：《侵犯公民个人信息罪的述与评——以〈关于办理侵犯公民个人信息刑事案件适用法律若干问题的解释〉为视角》，载《法律适用》2018年第7期。

人活动情况,但与特定自然人无直接关联,不能成为公民个人信息的范畴。需要注意的是,这里的"识别性"、关联性并非要求信息与特定自然人的一一对应关系,如果某条信息与其他信息相结合可以实现与特定自然人的关联,也具有"识别性"。比如,单一的身份证号码能准确对应特定自然人,其与公民个人当然具有关联性;单一的工作单位或家庭住址等信息通常无法准确对应特定自然人,但是其与电话号码等信息相结合即可实现与特定自然人的关联性,因而其也属于公民个人信息的范畴。

(三)公民个人信息的公开性与秘密性

通常意义上而言,侵犯公民个人信息罪所针对的公民个人信息,都是公民不愿意公开或者不愿意被他人知悉、获取、利用的信息。2012年12月28日,全国人大常委会《关于加强网络信息保护的决定》第1条明确规定,国家保护能够识别公民个人身份和涉及公民个人隐私的电子信息。2013年4月23日,最高人民法院、最高人民检察院、公安部《关于依法惩处侵害公民个人信息犯罪活动的通知》明确规定,公民个人信息包括能够识别公民个人身份或者涉及公民个人隐私的信息、数据资料。那么,是否据此可以得出结论,作为本罪犯罪对象的"公民个人信息"必须是非公开的个人信息?比如,行为人从商贸网站和政府部门公开的企业信息网上搜集企业公开发布的信息,包括公司的名称、产品、经营行业、注册信息和公司法定代表人、联系人的姓名、职务、联系方式等。行为人将上述信息存入数据库,供他人付费查询使用,[①] 是否

---

① 喻海松:《侵犯公民个人信息罪的司法适用态势与争议焦点探析》,载《法律适用》2018年第7期。

符合本罪犯罪对象的规定？应当看到的是，《刑法》第253条之一和"两高"《解释》并没使用"公民个人隐私信息"的文字表述，因此，我们在理解"公民个人信息"时不宜人为增加"隐私性"的限制。换言之，即便是已经公开的公民个人信息，仍有可能成为本罪的犯罪对象。这里需要进一步区分的是，这种公开的公民个人信息，是权利人主动公开、自愿公开的，还是权利人非主动、非自愿公开的？对于权利人主动公开、自愿公开的公民个人信息，行为人获取后向他人出售或者提供的，不宜以侵犯公民个人信息罪论处；对于权利人非主动公开、非自愿公开的公民个人信息，可以视情况以侵犯公民个人信息罪论处。

三、侵犯公民个人信息罪客观行为的界定

侵犯公民个人信息罪的客观行为主要有"出售""提供""窃取或者以其他方法非法获取"。对此，应分别予以分析。

（一）"出售"和"提供"的认定

"出售"和"提供"都是将本人知悉的个人信息告知他人，不同的是"出售"包含了获取报酬的内容。从对象来看，向特定人提供公民个人信息，属于"提供"，对此不存在疑义。但是随着信息网络技术的发展，通过信息网络或者其他途径发布公民个人信息的行为也日益多见，根据"举轻以明重"的法理，既然向特定人提供个人信息的行为属于本罪中的"提供"，对于传播范围更广、危害可能更大的通过信息网络或者其他途径发布公民个人信息的，也应当认定为本罪中的"提供"。

（二）"违反国家有关规定"的认定

理论界有人认为，侵犯公民个人信息罪是违反伦理道德的自

然犯，而非法定犯，但是侵犯公民个人信息罪不是典型的自然犯，而是带有法定犯气质的自然犯，是某种程度上的"自然犯的法定犯化"。① 笔者认为，由于"出售"和"提供"行为均明确了"违反国家有关规定"的前提条件，因而将侵犯公民个人信息罪解释为行政犯更为妥当。值得注意的是，"违反国家有关规定"的表述不同于我国刑法分则绝大多数所涉罪名中使用的"违反国家规定"，因而似乎也无法直接适用我国《刑法》第96条关于"违反国家规定之含义"。理论界有人认为，本罪"国家有关规定"中的"有关"是一个没有实意的虚词，它只是意味着与特定事项有关（相关），并没有扩张或限缩国家规定的能力。若刑法没有对国家规定进行明确，那么究竟哪些规定属于相关的国家规定则需要进行新的界定。②

笔者认为，本罪关于"违反国家有关规定"的前提性设定所要表达的实际上是本罪客观行为方式的"非法性"。如何理解这里的"非法性"？对此理论上存在争议，有观点认为，应采取主观判断标准，如《刑法修正案（九）》草案一次审议稿将出售或者提供个人信息入罪的前提条件设置为"未经公民同意"，即采用的是主观判断的标准。③ 有观点则认为，应采取客观判断标准，

---

① 刘艳红：《侵犯公民个人信息罪法益：个人法益及新型权利之确证——以〈个人信息保护法（草案）〉为视角之分析》，载《中国刑事法杂志》2019年第5期。

② 冀洋：《法益自决权与侵犯公民个人信息罪的司法边界》，载《中国法学》2019年第4期。

③ 曲新久：《论侵犯公民个人信息犯罪的超个人法益属性》，载《人民检察》2015年第11期。

即以最终公布的《刑法修正案（九）》明确的"违反国家有关规定"为准，但主张对"违反国家有关规定"作限缩解释。① "两高"《解释》进一步规定，违反法律、行政法规、部门规章有关公民个人信息保护的规定的，应当认定为"违反国家有关规定"。尽管如此，综合本罪的实际情况，笔者依然认为，对于"非法性"的判断应采用客观+主观的标准。比如，对于"出售"和"提供"行为，违反法律、行政法规、部门规章规定，向他人出售或者提供公民个人信息，显然具有"非法性"，这是客观标准。根据《网络安全法》第41条规定，网络运营者收集、使用个人信息，应当遵循合法、正当、必要的原则，公开收集、使用规则，明示收集、使用信息的目的、方式和范围，并经被收集者同意。据此，对于合法收集的公民个人信息，未经被收集者同意而向他人提供的，也属于本罪中的"提供公民个人信息"，应当认定为"非法性"，此时就包含了主观因素的考虑。

（三）"窃取或者以其他方法非法获取"的认定

除了"出售""提供"行为，本罪的客观行为方式还有"窃取或者以其他方法非法获取"。这里的窃取，是指通过秘密的方法，非法获取公民个人信息。刑法条文关于获取公民个人信息的

---

① 主要从两个方面对"违反国家有关规定"予以限缩：第一，行为人违反的是"国家规定"，其范围应当限于《刑法》第96条的范围，而不能将其理解为国家层面的规定，故不应包括部门规章等其他规定。第二，行为人违反的是与公民个人信息保护"有关"的"国家规定"，即"有关"是对"国家规定"的限定。参见胡江：《侵犯公民个人信息罪中"违反国家有关规定"的限缩解释——兼对侵犯个人信息刑事案件法律适用司法解释第2条之质疑》，载《政治与法律》2017年第11期。

行为并未明确"违反国家有关规定"或"违反国家规定"的前置要件,而是使用了"非法"二字,对此,有人认为,"违反国家规定"和"非法"之间绝非等同关系,"违反国家规定"一定是"非法"的,但是"非法"不一定就是"违反国家规定"的,二者于某种程度上属于一种"种属关系"。① 有人认为,如果行为人无法证明其具有获取公民个人信息的正当理由,应当推定为非法获取。② 笔者认为,根据体系解释的原理,同一法律语境下的法律用语含义应尽量保持一致,同一罪名中的不同行为方式所涉相似法律用语含义也应当尽量保持一致。加上侵犯公民个人信息罪的犯罪对象"公民个人信息"的同一性,因此,"非法获取公民个人信息"之"非法性"的判断,应与"出售"和"提供"行为之"非法性"保持基本一致,即在"非法获取公民个人信息"的"非法性"的判断上,应坚持与"违反国家有关规定"同一标准。根据"两高"《解释》规定,"以其他方法非法获取公民个人信息"包括购买、收受、交换等方式获取公民个人信息,或者在履行职责、提供服务过程中收集公民个人信息。

四、关于侵犯公民个人信息罪与相关犯罪行为的界限

"两高"《解释》根据信息用途、信息类型和数量、违法所得数额、主体身份、违法犯罪次数和时间等情况,对侵犯公民个人

---

① 于冲:《侵犯公民个人信息罪中"公民个人信息"的法益属性与入罪边界》,载《政治与法律》2018年第4期。
② 付强:《非法获取公民个人信息罪的认定》,载《国家检察官学院学报》2014年第2期。

信息罪的定罪量刑标准作了详尽的规定，确定了统一的适用标准，对此不再赘述。这里主要论述侵犯公民个人信息罪与其他相关犯罪行为的界分。

（一）非法使用公民个人信息行为的定性问题

应当看到，实践中非法使用公民个人信息的行为日益常见，该种行为同样严重侵害公民的人身、财产安全和生活安宁。根据现有法律规定，将本人知悉或掌握的个人信息出售、提供给他人，将在履行职责或者提供服务过程中获得的公民个人信息出售、提供给他人，或者窃取或者以其他方法非法获取公民个人信息的行为，有可能构成侵犯公民个人信息罪，但是将自己知悉或者掌握的公民个人信息（包括合法获取或者非法获取的公民个人信息）非法使用（或者滥用）的，却无法直接依据《刑法》第253条之一的规定处理。对此，有人认为，作为侵犯公民个人信息罪的核心行为，非法使用公民个人信息的行为表现出越来越严重的社会危害性。鉴于此类行为具有独立的评价意义，应当将其与非法获取、出售及提供行为相并列，增设到侵犯公民个人信息罪中，使该罪能涵盖这样一种行为类型。① 笔者认为，增设现有侵犯公民个人信息罪的客观行为方式，这种建议或许可取，但这是刑事立法层面的考虑，无法解决当下司法实践的问题。就当前司法实践而言，在遵循罪刑法定原则的前提下，对于非法使用公民个人信息的行为，可以根据其前段行为或后续行为的刑事违法性、刑罚当罚性等予以相应评价。比如，行为人使用的公民个

---

① 洪乾贺、刘仁文：《"非法使用公民个人信息"也宜入罪》，载《检察日报》2019年1月31日第3版。

信息系窃取或者以其他方法非法获取的,可以对前段行为即窃取或者以其他方法非法获取行为认定为侵犯公民个人信息罪;行为人使用公民个人信息,实施电信诈骗、敲诈勒索、故意伤害等行为的,构成犯罪的,则按照电信诈骗、敲诈勒索、故意伤害等犯罪论处。

(二) 与信息网络相关犯罪的界分

根据"两高"《解释》第5条第1款第2项规定,知道或者应当知道他人利用公民个人信息实施犯罪,向其出售或者提供的,构成侵犯公民个人信息罪。笔者认为,这是指行为人与利用公民个人信息实施犯罪的人并无通谋,仅仅是"知道或者应当知道他人利用公民个人信息实施犯罪"这一事实而向其出售或者提供公民个人信息的情形。如果行为人与利用公民个人信息实施犯罪的人存在事前通谋,并向其出售或者提供公民个人信息的,则行为人既构成侵犯公民个人信息罪,同时也构成利用获得的公民个人信息实施相应犯罪的帮助犯,对出售或者提供信息者应按照想象竞合犯的原则,从一重罪处理。随着信息网络的日益普及,公民个人信息更多以数字化、数据化、网络化的形式出现,因而利用互联网技术或者在网络空间实施涉公民个人信息的行为也日益增多,比如,设立用于实施非法获取、出售或者提供公民个人信息违法犯罪活动的网站、通讯群组,情节严重的,应当依照《刑法》第287条之一规定的非法利用信息网络罪定罪处罚,同时构成侵犯公民个人信息罪的,依照侵犯公民个人信息罪定罪处罚。又如,网络服务提供者拒不履行法律、行政法规规定的信息网络安全管理义务,经监管部门责令采取改正措施而拒不改正,致使用户的公民个人信息泄露,造成严重后果的,应当依照《刑法》第286条之一规定的拒不履行信息网络安全管理义务罪定罪处罚。

 法律链接

1. 全国人民代表大会常务委员会《关于加强网络信息保护的决定》第1条

2. 《中华人民共和国刑法》第253条

3. 《中华人民共和国网络安全法》第41条、第76条

4. 最高人民法院、最高人民检察院《关于办理侵犯公民个人信息刑事案件适用法律若干问题的解释》第1条、第5条第2项

5. 最高人民法院、最高人民检察院、公安部《关于依法惩处侵害公民个人信息犯罪活动的通知》第2点

专题五　利用网络支付平台实施侵财犯罪司法实务

利用网络支付平台实施侵财犯罪司法实务
- 与秘密转移网络第三方支付平台资金行为的差异
- 典型盗、骗交织型财产犯罪
  - 犯罪行为针对"数字技术控制（占有）财物"
  - 具有"基于认识错误而处分（交付）财物"的表象
- 犯罪行为事实特征
  - 学界关于盗窃、诈骗区分的观点
  - 网络支付平台中盗、骗区分的关键——财产权利人的终局意愿
- 认定构成诈骗罪的法理依据
  - 本质上是发生于人与人之间的诈骗行为
    - 机器能否被骗是一个伪命题
    - 发生于自然人之间
    - 欺骗了自然人
  - 符合诈骗罪构成要件和行为构造

近年来，随着计算机信息技术的发展，网络购物、网上充值、电子支付等网络交易、支付行为不断兴起，成为人们日常生活中的重要组成部分。与此同时，网络支付平台中存在的某些程序漏洞也往往被犯罪分子所利用，主要表现为犯罪行为人利用网络支付平台的审核漏洞，编制特定程序，通过向网络支付平台发送虚假支付成功信息，进而在自己尚未实际支付相应对价的情况下非法获取他人财产或财产性利益。从实践来看，该类犯罪案件呈现多发趋势，在司法认定中也存在较大争议，主要集中于盗窃罪和诈骗罪的交织，有必要针对这一问题进行梳理分析。

一、利用网络支付平台实施侵财行为与秘密转移网络第三方支付平台资金行为的差异

网络支付平台，是网上双方交易的"中间平台"。目前，国内的网络支付平台主要有网上银行（中国银联）、支付宝（阿里巴巴）、财付通（腾讯）、百付宝（百度）、国付宝、易宝支付、零支付平台、快钱、网易宝等。第三方支付平台是网络支付平台的一种。第三方支付，是指以支付宝、微信支付等第三方无线通信网络终端转移货币价值以履行对价义务的支付方式。目前，第三方支付平台最为典型的就是支付宝和微信。有学者认为，与传统的支付方式相比，"第三方支付则大不相同：首先，其发行主体为非金融机构；其次，用户使用第三方支付的前提是必须将其第三方支付账户与信用卡账户进行绑定，在绑定信用卡之后的实际支付的过程中，用户可以通过第三方支付平台的账户和密码完成支付。第三方支付与手机银行支付相比，在发行主体、是否涉

及第三方以及支付过程均有特殊之处。"① 第三方支付平台的出现，也滋生了一些犯罪现象。其中，最具代表性的就是针对第三方支付平台资金而实施的秘密转移行为。一般而言，秘密转移他人第三方支付平台账户资金的犯罪行为表现为直接转移平台账户内资金和转移平台账户所绑定银行卡内资金等两种行为方式。② 网络支付平台不仅包括第三方支付平台，还包括一些充值平台、购物平台（如当当、唯品会）。因此，网络支付平台的范围更广。利用网络支付平台实施侵财行为与秘密转移网络第三方支付平台资金行为两者的差异，最主要体现在行为方式和手段的不同。秘密转移网络第三方支付平台资金的行为，犯罪行为直接针对的是平台内或平台紧密关联的资金，而利用网络支付平台实施侵财行为则是把网络支付平台作为犯罪的工具，往往表现为利用网络支付平台的某些程序漏洞或者规避平台审核，通过少付或者不付对价的方式，非法获取他人财产或财产性利益。对此，我们可以从以下三个案例予以进一步分析：

案例1：犯罪嫌疑人杨某某系北京某网络游戏公司工作人员，具有能够进入该公司游戏系统后台的权限。2011年5月，杨某某在该公司经营的游戏平台上注册了实名账户玩公司新出的游戏。该游戏的游戏币为充值"元宝"。游戏币可以通过不同充值平台进行充值购买，1元人民币在不同充值平台可购买8.5~10个不等"元宝"，游戏玩家也可以通过玩游戏获得"元宝"。2013年6

---

① 刘宪权：《论新型支付方式下网络侵财犯罪的定性》，载《法学评论》2017年第5期。
② 吴波：《秘密转移第三方支付平台资金行为的定性》，载《华东政法大学学报》2017年第3期。

月,杨某某偶然发现游戏的某充值平台中充值渠道存在支付漏洞,即在游戏玩家充值的最后一个步骤缺少再次从游戏平台向支付平台发送验证是否支付成功的程序。杨某某遂自行编写test.php程序,多次利用系统支付漏洞发送虚假的充值成功信息实施异常充值,获得"元宝"。经调查,杨某某所使用的游戏账号虚假充值"元宝"累计11万余个。①

案例2:被告人赵某于2016年1月在使用被害人、其女友王某的手机时,发现王某支付宝账户内有大量钱款。在猜中支付密码后,赵某使用自己的手机登录王某的支付宝账户,分多次将该账户内的余额人民币10万元转入自己的银行账户内。②

案例3:被告人李某于2012年8月在购得新手机号码后,发现该手机号码仍然绑定被害人、号码原使用人姚某的支付宝账户。被告人李某遂利用该手机号码重置支付宝账户密码,并利用支付宝账户与信用卡的绑定关系,通过支付宝账户进行网上消费或转账取现,共计人民币15000余元。③

案例1中,杨某某偶然发现游戏的某充值平台中充值渠道存在支付漏洞,遂自行编写相关程序,利用系统支付漏洞发送虚假的充值成功信息实施异常充值,在自己未支付相应对价的情况下获得具有财产性利益的游戏币"元宝",就是典型的利用网络支

---

① 姚珂、曲赛男:《盗取网络游戏币不宜认定为盗窃罪》,载《中国检察官》2015年第12期。

② 杭州市下城区人民法院(2016)浙0103刑初第434号刑事判决书。

③ 上海市金山区人民法院(2013)金刑初字第52号刑事判决书。

付平台非法获取他人财物的实例。① 案例 2 和案例 3 则是秘密转移支付宝账户资金犯罪的行为，其中，案例 2 是直接秘密转移他人支付宝账户内资金的典型案例，案例 3 是秘密转移他人支付宝账户所绑定银行卡内资金的典型案例。从实际案例来看，利用网络支付平台实施侵财行为与秘密转移网络第三方支付平台资金行为两者之间还是存在较大差异的。

二、利用网络支付平台实施的侵财行为具有盗、骗交织性

应当看到，该类犯罪行为具有以下两个方面特殊性：一是与自然人直接控制（占有）财物不同，该类犯罪行为人与财物所有者之间介入了具有一定智能的电子系统或网络技术，犯罪行为针对的是"数字技术控制（占有）财物"②，此时，数字技术控制对行为人虚假信息的自动化反应能否认定为自然人对财物的控制、支配存在困难。二是犯罪行为人利用网络技术漏洞向网络支付平台发送虚假支付信息，由于网络系统本身不可能对犯罪行为人发送的信息进行实质性审核，因而犯罪行为人发送的虚假信息极易获得网络支付平台的"认可"，具有"基于认识错误而处分（交付）财物"的表象，此外，无论是网络支付平台还是财物实际的权利人，对于犯罪行为人利用技术漏洞非法获取财物的行为

---

① 张建、俞小海：《网络支付平台中盗、骗交织型犯罪的认定》，载《中国检察官》2015 年第 12 期。
② 黄祥青：《盗窃、诈骗行为交织型财产犯罪定性研究》，载《法律适用》2011 年第 4 期。

并不知情，通常都是在事后查验账户发现资金短缺时，才意识到可能遭遇犯罪行为的侵害，行为人实施的非法转移占有的行为具有秘密窃取的特征，由此造成了盗、骗交织性关系。可以说，该类行为系典型的盗、骗交织型财产犯罪。对此，刑法理论与司法实践均存在较大争议。

三、利用网络支付平台实施侵财行为司法认定的事实特征

要对利用网络支付平台实施侵财行为的司法认定作出准确分析，首先应该梳理该类犯罪行为的事实特征。对此，可从以下两个方面展开：

（一）我国学界关于盗窃、诈骗区分的观点及分析

刑法学界通说认为，区分盗窃、诈骗的关键在于：正确把握"受骗人是否基于认识错误处分（交付）财产"，或"被害人是否自愿交付财物"。① 有学者在这一见解的基础上进一步区分"自然人控制（占有）财物"与"数字技术控制（占有）财物"两种对象类型，认为对于"数字技术控制（占有）的财物"实施的侵财犯罪，可以考虑将据以定罪的事实环节适度前移，以行为人"非法获取"被害人的银行账号及密码或者同类数码介质的行为

---

① 张明楷：《如何区分盗窃罪与诈骗罪》，载《人民法院报》2003年8月22日第3版；吴艳玮、郝雪强：《从处分行为及占有角度对盗窃罪与诈骗罪及侵占罪界限再研究》，载《河北法学》2011年第12期；程生彦：《处分财产行为是区分诈骗罪与盗窃罪的关键》，载《中国检察官（经典案例版）》2010年第9期。

作为认定犯罪性质的事实依据。以此来对盗、骗交织型犯罪行为予以认定。① 有学者则建议,从一种排除法式的反向思维来区别二者,"把盗窃罪认为是转移占有的取得罪中的兜底犯罪,即,凡是值得科处刑罚的非法转移占有进而取得他人财产的行为,只要不符合其他犯罪的构成要件,则一定符合盗窃罪的构成要件。换言之,如何识别盗窃罪和诈骗罪,关键在于把握诈骗罪的构成本质,只有在排除了存在诈骗罪本质特征的前提下,才能认定为是盗窃罪"。② 笔者认为,上述三种观点均存在不足。第一种观点对于区分传统意义上的盗窃与诈骗较为实用,且实际上也能解决大多数盗窃、诈骗交织型犯罪的定性,但是,由于该种观点同时受到"机器不能被骗"这一通说观点的影响和制约,因而对于类似本案涉及的利用网络支付平台实施的侵财犯罪,往往无法得出令人信服的解释结论。第二种观点试图回避"机器能否被骗"的争议,将据以定罪的事实环节适度前移,以"非法获取"银行账号及密码或者同类数码介质的手段行为来认定罪名,从而区分盗、骗交织型犯罪行为,这一观点与我国的刑事立法和司法实践相吻合。比如,我国刑法规定,盗窃信用卡并使用的,应当认定为盗窃罪,司法实践中,对于抢劫信用卡及其密码予以使用的行为,一般也以抢劫罪定罪处罚。但是,对于利用网络支付平台实施侵财的行为,由于获利行为的前置行为(发送虚假信息)本身并不构成犯罪,因而难以获得合理的解释。第三种观点将盗窃罪

---

① 黄祥青:《盗窃、诈骗行为交织型财产犯罪定性研究》,载《法律适用》2011年第4期。
② 肖怡:《侵占罪、诈骗罪与盗窃罪的构成辨析与实务难点》,载《人民司法》2012年第21期。

视为转移占有的取得罪中的兜底犯罪，盗窃罪的认定依附于诈骗犯罪的认定，显然忽视了盗窃、诈骗两罪构成要件的独立性，模糊了二者的区别，实不足取。

（二）财产权利人的终局意愿是网络支付平台中盗、骗区分的关键

笔者认为，在网络支付平台这一特殊的场域下，应该结合该类行为的特殊性，进一步探究盗窃、诈骗区分新的切入点，这便是电子设备设置者的终局意愿。在盗窃行为中，被害人必须自始至终欠缺财物转移的意思。以盗窃保险柜内财物为例，被害人设置保险柜密码，相当于为保险柜内财物的转移设置了条件，但其从来没有要将保险柜内的财物转移给任何本人以外的开启者的意思，因此，即便此时保险柜内部程序突然存在错误（如输入任何数字都可以打开），行为人随便输入数字即可打开保险柜占有转移财物，也不能认定为是诈骗，因为行为人的转移占有行为违背了被害人的终局意愿。但是，在电子支付环境下，支付系统的设置者（往往也是财产权利人），并非绝对抗拒转移占有财物，真实的情况是：在符合设置者设定的条件下，设置者愿意将财物所有权转移给使用电脑支付平台的相对人。质言之，设置者的终局意愿并非反对转移财物，而是附条件的同意转移，行为人利用电脑设置程序的缺陷，尽管发送的是虚假信息，但从转移占有的形式条件来看，行为人满足设置者附设的条件而取得占有，与盗窃罪构成要件中权利人自始至终欠缺财物转移意愿并不相符。因此，笔者认为，行为人利用网络支付平台的审核漏洞，编制特定程序，通过向网络支付平台发送虚假支付成功信息，进而获取他人财产或财产性利益的，应当以诈骗罪论处。

以前文列举的案例 1 为例，杨某某偶然发现游戏的某充值平台中充值渠道存在支付漏洞，遂自行编写相关程序，利用系统支付漏洞发送虚假的充值成功信息实施异常充值，从而获得"元宝"，其行为结构为：编写程序——发送虚假充值成功信息——因系统漏洞充值平台将虚假充值成功信息"视为"真实信息——充值平台给付游戏币。显然，本案中游戏充值平台设置者的终局意思应该是"充值成功就给付游戏币'元宝'"，其表现在电脑程序上的设定则是"向充值平台发送充值成功的信息就自动给付游戏币'元宝'"，可以看出，游戏充值平台的设置者并非像盗窃罪被害人意识要素中所要求的那样绝对反对他人转移占有游戏币，而是为游戏币的给付附设了条件——充值支付成功，换言之，只要充值成功，就满足了游戏充值平台设置者的附加条件，进而获得游戏币。因此，本案杨某某的行为不构成盗窃罪，但是杨某某利用充值渠道存在的支付漏洞，通过发送虚假充值成功信息满足充值平台设置者附设的条件而取得对游戏币的占有，符合诈骗罪"骗取"的特征，应当以诈骗罪论处。

四、利用网络支付平台实施侵财行为构成诈骗罪的法理依据

根据上文分析，对于案例 1 杨某某应该以诈骗论处，而不是盗窃罪。由此带来一个解释论上的问题，即诈骗罪构造中要求被害人陷入认识错误以及基于认识错误处分财产，本案犯罪行为对象是充值平台，能否将充值平台对行为人错误充值信息的自动化回应视为被害人陷入认识错误？这是认定本案构成诈骗需要解决的核心问题，也是盗、骗交织型犯罪界分的法理基础。对此，我

们从以下几个方面予以分析论证：

（一）利用网络支付平台实施侵财行为本质上是发生于人与人之间的诈骗行为

这一问题的论证又涉及三个问题：

1. "机器能否被骗"是一个伪命题

利用网络支付平台实施侵财的行为，并非直接发生于自然人之间，由于过程中涉及自动化、智能化的电子支付系统，要认定为诈骗罪，无法回避的一个问题是"机器能否被骗"。关于机器能否被骗，德国、日本、我国台湾地区刑法学界存在较大争议，通说基于诈骗罪构造中被害人陷入认识错误必须是自然人这一解释立场，而在电脑操纵自动化处理过程中不存在自然人的认识错误和处分意识，进而认为机器不能被骗。① 尽管我国刑法学界也有争议，但已取得基本共识。比如，我国有学者指出，"诈骗罪的构造决定了其欺骗的对方必须是自然人。"② 笔者认为，从刑法教义学视角来看，"机器能否被骗"的讨论具有一定价值，但是从司法实践层面来说，"机器能否被骗"更像是一个伪命题。因为法律规制的是自然人之间、法人之间、自然人与法人之间的关

---

① 许恒达：《电脑诈欺与不正方法》，载《政大法学评论》2015年第1期；庐映洁：《刑法分则新论》（修订四版），新学林出版股份有限公司2011年版，第672页；蔡蕙芳：《电脑诈欺行为之刑法规范》，载《东海大学法学研究》2003年第6期；林山田：《刑法各罪论》（上）（修订五版），北京大学出版社2012年版，第334页。

② 张明楷：《非法使用信用卡在ATM机取款的行为构成盗窃罪》，载《清华法学》2009年第1期。更进一步的论述，参见张明楷：《诈骗罪与金融诈骗罪研究》，清华大学出版社2006年版，第690页。

系，而不会涉及人与机器的关系，人与机器发生关系（如砸坏机器、盗窃机器），之所以进入法律评价的视野，承担相应法律责任，也是因为人针对机器的行为给机器的所有权人造成了侵害，可以说，人与机器的关系本质上是人与机器背后的人发生法律关系。因此，从司法实践角度而言，单纯的机器并无任何意义，如果讨论"机器能否被骗"的落脚点在于服务司法实践，那么"机器能够被骗"的讨论最终应该回归到"机器背后的权利人能否被骗"这一命题上来。

2. 非法获利行为本质上发生于自然人之间

当前，随着社会发展，为了节约交易成本，智能化的网络支付平台来代替人处理事务，进行各种商品自动化交易日益繁多，应该正视电子化工具背后的人可能被骗这一客观存在的事实。"电脑是人类分工原则下，将有关资讯与意思决定过程委由电脑自行处理，故在分工架构下，人可以透过电脑而发生错误。"[1] 网络支付平台中不过是财物占有者的工具和意志延伸。当然，此时支付平台对财物的处分意识不需要达到人的认识程度，也不可能达到人的认识程度，实际上，当财物所有者将财物处分权交给支付平台时，就已经体现或者默认了对于财产的处分逻辑，即只要向平台发送正确信息，就自愿处分相应财产，此时，财产所有者的处分意识，是特定情形下的一种更为宽松的处分承诺，尽管得到一定程度的弱化，但在这种交易形式下，也只能通过电脑程序有无同意"处分"来判断电脑程序背后的自然人的处分意识，否

---

[1] 蔡蕙芳：《电脑诈欺行为之刑法规范》，载《东海大学法学研究》2003年第6期。

则，对于该类行为就无法予以法律上的准确评价。网络支付平台的每一次交易、充值，都是发生于行为人、被害人及其电子系统之间封闭的环境，行为人通过输入电脑资料或指令，就可以自行依照电脑系统的运作方法，直接取得相应利益，该过程完全由电脑依程式完成，并无第三人介入审查，本质上还是发生于两个自然人之间。

3. 非法获利行为本质上欺骗了自然人

在网络支付平台上，行为人实际支付或充值以及支付或充值成功的信息，是行为人获得相应财产性利益的有效证明，行为人利用支付或充值平台不实质审核的漏洞，向支付或充值平台发送虚假的充值成功信息，从而获得财产性利益，在形式上符合充值平台的交易规则，但实际上行为人并不具有合法权限，尽管从表面上看，该过程并未涉及任何自然人陷入错误，行为人输入的虚假或错误信息完全符合系统转移财产的形式条件，但从整体上、实质上来看，由于该信息违反了电脑系统设置者期待并预设的财产转移实质条件，该输入虚假或错误信息的行为仍属"欺骗式"指令。在网络支付平台中，财产转移不在乎申请者身份、性别，只在乎能否取得对待给付，这种情况下，行为人通过发送"欺骗式"指令虚构对待给付的条件，造成虚假对待给付的表象，显然是一种诈骗，且直接指向和作用于电子支付系统背后的自然人，造成自然人利益的损失，因此，可以说，利用支付平台的审核漏洞，编造虚假充值成功信息，进而获得相对应财产性利益的行为，实质上系针对自然人实施的诈骗行为。

（二）利用网络支付平台实施侵财行为符合诈骗罪构成要件和行为构造

该结论涉及两个方面的证成：

1. 在立法现状的基础上充分发挥刑法解释的作用

由于德国、日本刑法和我国台湾地区"刑法"坚持严格的教义学分析，在对诈骗罪构造的设立及其解释上均坚守被害人认识错误以及"机器不能被骗"这一立场，且将这种严谨的学术观点贯彻于司法实践，导致出现利用电脑设备实施诈骗行为的处罚漏洞。① 为此，德国、日本和我国台湾地区均在立法上作了修正，新增了利用电脑诈骗罪。"要成立本罪，无须存在第2款②诈骗罪中的欺骗、错误等要件，因而，也可以说，是从立法上排除了所谓'机械不能陷入错误'这种不成立诈骗罪的根据。"③ 从而弥补了处罚漏洞。当前，我国并无相关立法例，尽管有人建议借鉴德日刑法增设使用计算机诈骗罪，④ 但笔者认为，从节约立法成本和维持刑法稳定性的角度考虑，⑤ 无须在立法上另设使用计算

---

① ［日］大谷实：《刑法讲义各论》（新版第2版），黎宏译，中国人民大学出版社2008年版，第258页。

② 即日本刑法第246条第2款利益诈骗罪。

③ ［日］西田典之：《日本刑法各论》（第6版），王昭武、刘明祥译，法律出版社2013年版，第225页。

④ 刘明祥：《再论用信用卡在ATM机上恶意取款的行为性质》，载《清华法学》2009年第1期。

⑤ 实际上，国外关于利用电脑诈骗罪这一立法例招致了刑法理论界的部分批评，如我国台湾地区有学者指出，这种"过快又未经行细思量的立法程序完全体现了这种散漫于社会的焦虑感"。参见许恒达：《电脑诈欺与不正方法》，载《政大法学评论》2015年第1期。

机诈骗罪,通过刑法解释和司法实践的自我演绎,即可解决该类行为的定性问题。我国刑法关于诈骗罪条文表述较为简单,所谓诈骗罪的构造是刑法学理解释的产物,这一解释结论应当随着经济社会发展实际和电子交易日益普及的现实予以相应的更新和调整,从而使得刑法条文更具适应性和生命力。将诈骗罪构造中的"被害人陷入认识错误""被害人基于认识错误处分财产"中的"人"解释为网络支付平台背后的自然人,将其中的财产"处分"行为解释为自然人通过网络支付平台"间接处分",并未超出我国刑法关于诈骗罪条文的范围,也未违反罪刑法定原则,同时也是刑法及时调整利用网络支付平台实施侵财犯罪的现实需要。

2. 利用网络支付平台实施诈骗行为与普通诈骗行为具有等值性

德国、日本、我国台湾地区将该类行为另立新罪,均放在普通诈骗罪章,作为诈骗罪条文之一,系普通诈骗罪的"特别类型"。① 在罪质解释上,多数学者均认为解释利用电脑诈骗罪的可行方向,是回归诈骗罪的原始结构,设法透过释义学操作,将诈骗罪的犯罪结构整合到利用电脑诈骗罪条文中,设法让电脑诈骗罪产生近似于诈骗罪的损害结构,从而解决利用电脑诈骗罪名实相符的疑义。② 具体而言,将利用电脑诈骗罪解释为在结构上和价值上与普通诈骗罪具有等值性,或采用"诈欺相似性"解释方法,即"要求行为人必须施行与欺骗行为结构上相似或不法内涵

---

① [日]前田雅英:《日本刑法各论》,董璠舆译,五南图书出版有限公司2000年版,第254~255页。

② 黄荣坚:《电脑的心事》,载《月旦法学教室》1998年第6期;甘添贵:《刑法各论》(上),三民书局2009年版,第337~338页。

等值的行为"。1991年11月22日,德国联邦最高法院在一起窃取他人银行卡资料伪造银行卡后取款的案例中对该类行为的"诈欺相似性"进一步作出说明:"将自动柜员机假设成自然人,机器因把伪卡当成真卡,在此影响下决定支付,因此,满足了传统诈欺罪所需的构成要件……行为人让机器做成'不正确决定',而此不正确决定让行为人得以取走现金;并因机器做了不正确决定,因此,构成'诈欺'。"① 这说明,在新设利用电脑诈骗罪的国家和地区,一方面,严格坚守"机器不能被骗"的刑法解释结论从而维持诈骗罪的传统构造;另一方面,在解释这种"为了应对通过滥用这种系统②而出现的侵犯财产的新型犯罪行为"③ 时,多数学者和司法实务参照传统诈骗罪构成要件,要求新设的利用电脑诈骗罪具有与传统诈骗罪的等值性和相似性,不经意间似乎又滑到诈骗罪的领域。这充分说明,通过对诈骗罪构造的重新解释与扩充,完全可以使传统的诈骗罪涵盖利用网络支付平台实施的诈骗犯罪行为,实现二者的融通。

法律链接

《中华人民共和国刑法》第264条、第266条

---

① 蔡蕙芳:《电脑诈欺行为之刑法规范》,载《东海大学法学研究》2003年第6期。

② 指计算机系统。

③ [日]西田典之:《日本刑法各论》(第6版),王昭武、刘明祥译,法律出版社2013年版,第224页。

专题六 秘密转移网络第三方支付平台资金行为司法定性

```
                    ┌─ 转移他人支付宝账户内资金行为 ──┬─ 资金来源不同
           行为类型 ─┤                               ├─ 使用方式不同
                    └─ 转移他人支付宝账户所绑定      └─ 侵犯法益不同
                       银行卡内资金行为

秘密转移网络
第三方支付          ┌─ 转移他人支付宝账户资金行为
平台资金行为 ──────┤   以盗窃罪论处
司 法 定 性  司法认定┤
                   └─ 转移他人支付宝账户所绑定银行卡
                      内资金行为以信用卡诈骗罪论处

           所涉民事法律问题
```

专题六 秘密转移网络第三方支付平台资金行为司法定性

近年来，随着信息网络技术的普及和发展，以微信、余额宝等为代表的网络第三方支付平台迅猛发展，在极大改变人们生活方式和支付观念的同时，也引发了针对网络第三方支付平台的违法犯罪行为。其中，最为典型的就是秘密转移网络第三方支付平台资金的行为。秘密转移他人网络第三方支付平台账户资金的犯罪行为，表现为直接转移平台账户内资金和转移平台账户所绑定银行卡内资金等两种行为方式。当前，司法实践对于秘密转移网络第三方平台账户资金的两种行为方式的定性问题，仍存在较大争议，因此，有必要对这两种行为方式进行类型化研究。为论述方便，本专题主要以支付宝为例展开分析。

一、秘密转移支付宝账户资金犯罪的行为类型

司法实践中，秘密转移支付宝账户资金犯罪的行为类型主要有两种：

（一）行为人直接秘密转移他人支付宝账户内资金的行为

该类行为本身并不涉及支付宝账户所绑定的银行卡内的资金。对于这类案件，司法实务部门有的以盗窃罪予以定性，有的以诈骗罪予以定性，分歧较大，甚至出现同案不同判的现象。典型案例如下：

案例1：赵某盗窃案。被告人赵某于2016年1月在使用被害人、其女友王某的手机时，发现王某支付宝账户内有大量钱款。在猜中支付密码后，赵某使用自己的手机登录王某的支付宝账户，分多次将该账户内的余额人民币10万元转入自己的银行账户内。杭州市下城区人民检察院以赵某涉嫌盗窃罪提起公诉，杭州

市下城区人民法院判决赵某构成盗窃罪，判处有期徒刑 3 年，缓刑 3 年，并处罚金人民币 4000 元。①

案例 2：徐某诈骗案。 被告人徐某于 2015 年 3 月在使用单位下发的工作手机时，发现可登录被害人、原同事马某支付宝账户，该账户内有人民币 5 万余元。徐某遂利用该手机进入马某支付宝账户，转账 15000 元到刘某的银行账户，后由刘某在银行提现并交给徐某。宁波市海曙区人民检察院以被告人徐某涉嫌盗窃罪提起公诉，海曙区人民法院判决被告人徐某犯诈骗罪，判处有期徒刑 7 个月，缓刑 1 年，并处罚金人民币 3000 元。一审宣判后，海曙区人民检察院认为一审判决定罪错误，提出抗诉。宁波市中级人民法院裁定维持原判。②

在上列第一个案件中，检察院是以涉嫌盗窃罪提起公诉，法院也是以盗窃罪予以定性；而在第二个案件中，检察院也是以涉嫌盗窃罪提起公诉，但一审和二审法院都是以诈骗罪予以定性。可见，司法实务部门对于直接秘密转移支付宝账户内资金类案件的定性仍然存在较大分歧，甚至出现同案不同判的现象。

（二）秘密转移他人支付宝账户所绑定银行卡内资金的行为

与直接秘密转移他人支付宝账户内资金有所不同，行为人秘密转移他人支付宝账户所绑定银行卡内资金的行为并非针对支付

---

① 浙江省杭州市下城区人民法院（2016）浙 0103 刑初第 434 号刑事判决书。

② 浙江省宁波市中级人民法院（2015）浙甬刑二终字第 497 号刑事判决书。

宝账户内的资金，而是针对所绑定银行卡内的资金。对于这类案件，司法实务部门存在盗窃罪和信用卡诈骗罪的认定分歧。典型案例如下：

案例 1：廖某盗窃案。被害人何某于 2014 年 8 月在某饭店用餐后，将背包遗留在包房。被告人、该饭店员工廖某捡到包后藏了起来，待下班后发现包内有被害人手机，手机上装有支付宝软件且无须密码，并绑定一张银行卡，廖某遂使用被害人手机从该银行卡转出人民币 8000 元至其本人账户。佛山市顺德区人民检察院以涉嫌盗窃罪对廖某提起公诉，顺德区人民法院以盗窃罪判处廖某拘役 6 个月，并处罚金人民币 1000 元。宣判后，廖某提起上诉，认为其行为并非秘密窃取，不应构成盗窃罪。佛山市中级人民法院裁定维持原判。①

案例 2：李某信用卡诈骗案。被告人李某于 2012 年 8 月在购得新手机号码后，发现该手机号码仍然绑定被害人、号码原使用人姚某的支付宝账户。被告人李某遂利用该手机号码重置支付宝账户密码，并利用支付宝账户与信用卡的绑定关系，通过支付宝账户进行网上消费或转账取现，共计人民币 15000 余元。金山区人民检察院以李某涉嫌信用卡诈骗罪提起公诉，金山区人民法院以信用卡诈骗罪判处李某有期徒刑 7 个月，并处罚金人民币 20000 元。②

在上列第一个案件中，检察院是以涉嫌盗窃罪提起公诉，一审和二审法院也是以盗窃罪予以认定；而在第二个案件中，公安

---

① 广东省佛山市中级人民法院（2015）佛中法刑二终字第 100 号刑事判决书。

② 上海市金山区人民法院（2013）金刑初字第 52 号刑事判决书。

机关是以盗窃罪移送审查起诉，检察院则是以涉嫌信用卡诈骗罪提起公诉，法院也是以信用卡诈骗罪予以认定。据此，司法实务部门对于秘密转移与他人支付宝账户所绑定银行卡内资金类案件的定性同样存在较大分歧。

应当看到，行为人直接秘密转移他人支付宝账户内资金的行为和秘密转移他人支付宝账户所绑定银行卡内资金的行为在客观上确实存在较大差异。上述两种行为方式的区别主要体现在以下三个方面：

第一，资金来源不同。支付宝账户内的资金，是指通过银行转账等支付途径，在支付宝账户内实际存有的一定数额资金，现实生活中主要为了消费与支付的便利。支付宝账户所绑定的银行卡内的资金，是存在银行卡账户内的资金，现实生活中可通过支付宝等支付渠道予以支付、消费，在这种情况下支付宝实际上是银行卡资金的一个支付渠道，或者说是银行卡的一种使用形式。

第二，使用方式不同。使用支付宝账户内的资金进行支付消费，是从支付宝账户直接进行支付消费，无须从所绑定的银行卡或者别的渠道获取资金。使用支付宝账户所绑定的银行卡进行支付消费，则是先将与支付宝账户所绑定的银行卡内资金划入支付宝账户内，才可支付消费，整个过程中存在两个行为：一是将银行卡内资金转入支付宝账户；二是将划入支付宝账户内的这笔资金进行支付消费。

第三，侵犯法益不同。秘密转移他人支付宝账户内资金，是以非法占有为目的，采用秘密手段窃取他人支付宝账户内的资金，单纯侵犯了他人的财产所有权。在秘密转移他人支付宝账户所绑定银行卡内资金的情形中，将他人银行卡内资金划入支付宝账户的行为是以非法占有为目的使用他人银行卡,这一行为不仅侵犯了他人的财产所有权,同时也侵犯了银行卡的管理秩序。

二、秘密转移支付宝账户资金行为的司法认定

(一) 直接秘密转移他人支付宝账户内资金行为的定性

对于此类行为的定性,司法实践的争议焦点主要集中在盗窃罪和诈骗罪两个罪名的适用上。第一种意见认为,应当认定为盗窃罪。理由是:除刑法和相关司法解释特别规定的冒用他人身份在 ATM 机上使用信用卡的情形外,不能想当然地推定所有机器均可以成为诈骗类犯罪对象。由于支付宝的技术性程序不可能像人脑那样本身智能,根本谈不上被欺骗,因此可以推定程序背后的支付宝公司也同样无法被欺骗。① 第二种意见认为,应当认定为诈骗罪。理由是:根据支付宝的运作流程,支付宝之所以将账户资金转账到行为人指定的银行账户,是基于之前支付宝公司与支付宝用户所签订的服务协议。根据服务协议的约定,只要用户输入正确的用户名和密码,支付宝公司就有义务按照操作指示将账户资金用于支付或转账,支付宝公司按指示转账是正当履行合同的行为。如果支付宝公司为用户代管的资金因安全问题而被窃,用户的损失应由支付宝公司承担。例如,行为人在未获取用户密码的情况下,利用黑客手段突破了支付宝公司的安全防护,将用户余额资金转出,这一犯罪的被害人就是支

---

① 马军、姚晓滨:《窃取支付宝账户财产应构成盗窃罪》,载《检察日报》2018 年 2 月 28 日第 3 版。

付宝公司,支付宝公司应承担用户的损失。① 但如果行为人将被害人支付宝账户内资金转出的行为已经得到支付宝公司的审核和认可,那么支付宝公司的资金就并非被盗,行为人的行为也就不能构成盗窃罪。也就是说,行为人以输入正确的支付宝账户名和密码,虚构其是支付宝用户本人或者获得授权的事实,使支付宝公司产生认识错误,并基于这一错误认识主动交付财物。该行为方式无疑符合诈骗罪的构成要件,理应以诈骗罪认定。

对此,笔者赞同上述第一种意见,亦即对直接转移他人支付宝账户内资金的行为应以盗窃罪认定。理由主要包括两点:

其一,从行为的实质来看,秘密转移他人支付宝账户内资金行为的实质是以秘密方式获取他人支付宝账户和密码,进而控制支付宝账户,非法占有支付宝账户内资金,符合盗窃罪构成要件,理应以盗窃罪认定。

其二,因支付宝无法成为被诈骗的对象,该行为不能认定为诈骗罪。关于支付宝能否成为被诈骗对象,这与包括ATM机、计算机等在内的智能机器能否成为被骗对象的问题相类似。目前,我国刑法理论界与实务界对此观点不一。对此,笔者认为,尽管我国刑法和相关立法、司法解释明确规定了ATM机等机器可以成为信用卡诈骗的被骗对象,但由于上述规定属于法律拟制性规定,因而不能当然推断出所有机器均可以成为诈骗类犯罪被骗对象的结论。无论是根据罪刑法定原则,还是根据一般人对诈骗犯

---

① 石坚强、王彦波:《将他人支付宝账户内资金私自转出构成诈骗罪》,载《人民司法(案例)》2016年第11期。

罪对象的理解，目前支付宝等第三方网络支付平台都不能成为诈骗犯罪的对象。且从技术层面来分析，支付宝账户程序运行的根本在于保障转账、消费等使用功能，在防止黑客侵入、服务器损坏等安全隐患的同时，确保账户安全、支付安全的关键、使平台确信是本人或者他人得到授权使用的凭证就是通过账户、密码的验证，支付宝平台不可能进行现实的人身或者其他验证，只能根据通过验证的指令进行支付，不会陷入所谓的错误认识。据此，支付宝平台不能被骗，表明支付宝平台背后的支付宝公司也无法被骗。值得一提的是，还有观点认为，此行为可用三角诈骗理论认定。但这一论断能否成立，其实质还在于支付宝能否被骗，在支付宝与支付宝公司不能被骗已经证成的情况下，三角诈骗自然不能成立。

（二）秘密转移他人支付宝账户所绑定银行卡内资金行为的定性

对于此类行为的定性，司法实践的争议焦点主要集中在盗窃罪和信用卡诈骗罪两个罪名的适用上。第一种意见认为，对于此类案件应定性为盗窃罪。理由是：被害人在将支付宝账户与银行卡关联绑定之时，已经完成了授权协议，只要支付宝发出支付指令，银行卡就根据授权协议执行指令。所以行为人虽然控制的是支付宝账户与密码，但由于被害人事先的关联授权行为，实质上可以占有和使用支付宝账户所绑定的银行卡内资金。且因为关联授权是被害人事先自愿完成，并非由行为人擅自进行关联授权，行为人也没有直接向银行发出支付指令，并没有妨害银行卡的管理秩序；支付宝、银行是在审核认证支付宝账户、密码之后，遵循关联授权协议和指令予以执行，不存在被骗的情况，因此不能认定为信用卡诈骗罪，而应以盗窃罪来认定。该观点的实质是认为，在支付宝账户与银行卡完成关联绑定之后，银行卡就是支付宝账户的"金库"，行为人以支付宝账户密码、关联协议为依据，秘密占有和使用银行卡内的资金。第二种意见认为，对于此类案件应定性为信用卡诈骗罪。① 笔者赞同第二种观点，理由有以下两点：

第一，就行为实质而言，信用卡诈骗罪中的"冒用他人信用卡"是指，非持卡人以非法占有为目的，未经持卡人同意或者授权，擅自以持卡人的名义使用信用卡，进行信用卡业务内的购物、消费、提取现金等诈骗行为。根据最高人民法院、最高人民检察院《关于办理妨害信用卡管理刑事案件具体应用法律若干问题的解释》第5条的规定，"窃取、收买、骗取或者以其他非法方式获取他人信用卡信息资料，并通过互联网、通讯终端等使用的"属于信用卡诈骗罪中"冒用他人信用卡"的行为。在秘密转移他人支付宝账户所绑定银行卡内资金司法案例中，行为人均是在控制被害人支付宝账户密码后，冒用被害人名义从支付宝账户所绑定的银行卡划拨资金进行消费和取现。其实质就是通过控制支付宝账户密码，擅自以持卡人的名义将银行卡内资金，划入其实际控制的支付宝账户内加以使用。与传统"冒用信用卡"的行为不同，在这类行为方式中，行为人基本上不接触银行卡实体，也不接触银行卡持卡人的信息资料，而是通过控制支付宝账户密码，将关联绑定的银行卡在网络金融平台进行支付、消费或转

---

① 罗开卷：《盗用他人支付宝账户绑定的银行卡内资金如何定性》，载《人民法院报》2016年8月11日第7版；张红良：《擅改他人支付宝信息窃财行为如何定性》，载《中国检察官》2015年第24期。

账。但基于支付宝账户与银行卡的关联绑定,使得支付宝、银行等机构均以为是银行卡的主人在使用,进而自愿实施支付行为。其中,银行是所支付资金的实际保管者与现实支付渠道,如果没有银行资金和支付系统的支撑,第三方支付平台将难以运行,显然应居于被骗者的地位。据此,这类行为方式无疑符合"冒用他人信用卡"的行为特征。

第二,就具体特征而言,秘密转移支付宝账户所绑定的银行卡内资金事实上存在两个行为,即将银行卡内资金转入支付宝账户的行为和将划入支付宝账户内的资金进行支付消费的行为。在该类犯罪行为的具体个案中,行为人多数是利用非法手段实际控制了被害人的支付宝账户,然后根据支付宝账户与银行卡的关联绑定,将被害人支付宝账户所绑定银行卡内的资金划入支付宝账户,行为人至此已实际完成资金转移。之后行为人使用支付宝账户进行支付、消费和取现等行为,只是其对赃款的一个后续处理行为,实际上并未再侵犯新的法益,可以从事后不可罚行为的角度加以看待,行为人真正获取资金的关键是冒充持卡人从银行卡内划出资金的欺骗行为。从具体特征来说,这一行为也显然符合信用卡诈骗罪的构成要件,应以信用卡诈骗罪定罪处罚。当然,需要指出的是,控制支付宝账户与密码并不等于实际控制所绑定银卡内的资金,要实际占有银行卡内的资金,还需要行为人实施冒用行为,其犯罪金额应以实际转移的金额认定。

三、秘密转移他人支付宝账户资金所涉民事法律问题的借鉴

就支付宝等第三方支付平台的法律地位而言,2010 年中国人

民银行《非金融机构支付服务管理办法》（以下简称《管理办法》）首次在法规层面将各类第三方支付平台统一定位为非金融机构，明确规定准入资格、业务范围、监督管理、罚则等内容，从条文层面予以了限定。根据《管理办法》的规定，支付宝等第三方支付平台是在收付款人之间作为中介机构提供网络支付等货币资金转移服务，并不能从事银行等金融机构才能开展的资金结算业务。从支付宝的相关规定来看，《支付宝服务协议》中明确载明其业务范围为非金融机构支付服务，受用户委托收款或付款的资金转移服务，并不得为金融机构，或从事信贷、融资、理财、担保、信托、货币兑换等金融业务的个人开设支付宝账户。[①] 就此而言，支付宝等各类第三方支付平台作为非金融机构，并不能够从事支付结算及资金存贷等金融业务，而是通过与各大商业银行合作，提供多方银行接入端口，为用户提供便捷的资金移转通道。虽然对金融机构的认定现在更趋于从功能来考察，在金融创新的背景下也显得更为宽松，但是针对目前的法律规定和业务状况，应当认为支付宝等第三方支付平台的行为是经许可为收付款双方提供资金转移服务的中介机构，系非金融机构。

就支付宝等第三方支付平台与各商业银行或者说现有金融体系之间的法律关系而言，根据《管理办法》和业务流程，支付宝等第三方支付平台的主要业务范围系提供资金转移服务，在整个

[①] 《支付宝服务协议》规定："支付宝服务是支付宝向您提供的非金融机构支付服务，是受您委托代您收款或付款的资金转移服务。支付宝不得为金融机构，以及从事信贷、融资、理财、担保、信托、货币兑换等金融业务的其他机构开立支付宝账户。"载 https://render.alipay.com/p/f/fd-iztow1fi/index.html，访问日期：2019年11月5日。

业务过程中,将需要转移支付的资金从买方的开户银行移转至第三方支付平台的银行账户,待交易成功后再从第三方支付平台的银行账户转移给卖方账户。整个过程中支付宝等第三方支付平台依照支付宝账户权利人所下达的指令从事各项资金转移服务。根据2005年中国人民银行《电子支付指引(第一号)》第33条规定,第三方支付平台为银行支付业务的外包机构,应根据银行的委托来承担资金转移服务。简而言之,第三方支付平台就是通过技术手段创设通道,连接用户(交易双方)和商业银行,为交易双方提供支付和结算的中介服务,抑或说支付宝等第三方支付平台与商业银行(包括买方和卖方银行)之间实际上是一种服务合同关系。

从实践来看,发生秘密转移他人支付宝账户资金这类未经授权交易行为的具体原因主要还是账户和密码的泄露。由于在注册使用各类第三方支付平台时,第三方支付平台均会要求账户权利人签署电子服务协议,约定各自的权利义务,如明确规定用户有义务保证账号及密码的安全。因此,只有在能够证明第三方支付平台具有故意或重大过失的情况下(如平台被黑客攻击、自身支付功能出现错乱等情况),第三方支付平台才会对此类损失承担民事赔偿责任。然而,在支付宝账户资金被秘密转移的实践情形中,账户权利人或多或少都对于自己账户和密码的保管、使用存在一定疏忽,而且囿于电子支付技术的复杂性、信息的不对称与实际举证的困难,权利人难以证明第三方支付平台是否存在故意或重大过失,事实上导致权利人很难通过民事法律途径来维护自身权益。

从刑民交织的角度,通过借鉴民事责任的区分可以明确三点认识。一是支付宝等第三方支付平台是提供资金转移服务的中介机构,与各商业银行、账户权利人是服务合同关系,在服务合同法律框架内承担民事法律责任。二是支付宝的实际运行、提供资金支付服务是根据账户与银行的相关指令进行,《管理办法》明确要求支付宝等第三方支付平台应当具备必要的技术手段,确保支付指令的完整性、一致性和不可抵赖性,支付业务处理的及时性、准确性和支付业务的安全性;具备灾难恢复处理能力和应急处理能力,确保支付业务的连续性,说明相关指令是推动支付宝运行的具体依据。三是行为的认定与责任的区分。根据刑法看行为、民法看关系的原则,对秘密转移他人支付宝账户资金的行为,从刑事认定上应当聚焦对支付宝账户接受指令实际运行的行为,这样的考虑也与前文的论证能够衔接,从另一方面证明了区分类型、分处盗窃罪与信用卡诈骗罪的合理性,防止因为民事赔偿问题影响刑事责任的认定、罪名的考虑。从民事责任上应当在第三方支付平台与银行、账户权利人之间合同关系的框架下来把握,针对行为的发生、实际损失的形成,第三方支付平台是否具有故意或重大过失进行论证。从长远的考虑来看,还可以从民事举证责任方面再做修改完善。

 法律链接

1.《中华人民共和国刑法》第 264 条、第 266 条

2. 最高人民法院、最高人民检察院《关于办理妨害信用卡管理刑事案件具体应用法律若干问题的解释》第 5 条

专题七　P2P 网络借贷平台刑事责任认定

```
                          ┌── 手段属性
         P2P网络借贷平台属性 ─┤
                          └── 场所属性

         P2P网络借贷平台的本土异化

                                              ┌── 与正犯行为的关联性程度
P2P网络                                        │
借贷平台 ─── 中立帮助行为性质是否构成犯罪 ──────┼── 平台是否具有主观上的明知
刑事责任                                       │
认定                                           └── 与正犯行为是否具有因果关系

                                              ┌── 洗钱犯罪
                                              ├── 非法集资类犯罪
         P2P网络借贷平台类型化及其刑事责任 ─── 非中立帮助行为性质涉及犯罪 ─┼── 擅自设立金融机构罪
                                              ├── 盗窃、诈骗、职务侵占等侵犯财产罪
                                              └── 非法经营罪

         P2P网络借贷平台刑法调整的科学化与理性化
```

近年来，互联网金融在我国异军突起，对我国传统金融格局产生了深远影响。P2P网络借贷（以下简称网贷）作为一种互联网金融业态，在缓解小微企业融资难、满足民间资本投资需求等方面发挥了积极作用。① 但是，P2P网络借贷在发展中衍生出不同模式，在具体操作上也存在不同做法，给资金持有者的合法权益保障增加了不确定性。近期，我国就发生了多起P2P网络借贷网站突然关闭或携款潜逃的案件。因此，有必要就P2P网络借贷平台的法律定性及其涉及的刑事责任问题予以探究，从而进一步规范、引导P2P网络借贷的良性发展。

一、P2P网络借贷平台的属性及其本土异化

P2P网络借贷，即个人对个人通过互联网进行借款、贷款的新型借贷模式，而P2P网络借贷平台则是为P2P网络借款、贷款提供中介服务的"居间人"。正如作为P2P网络借贷平台典型代表的"人人贷"网站主页中的公司简介写道，人人贷平台致力为高成长人群提供专业的线上信贷及出借撮合服务。② 当然，这一表述存在一定的模糊性，要想对P2P网络借贷平台有更深层次的认识，需要从以下两个方面进一步挖掘P2P网络借贷的含义。

（一）P2P网络借贷平台的基本属性

P2P网络借贷平台到底是什么？其本质属性如何？这里涉及

---

① 2016年4月13日银行业监督管理委员会《P2P网络借贷风险专项整治工作实施方案》（银监发〔2016〕11号）。

② 参见人人贷官网关于公司简介，载https://www.renrendai.com/about，访问日期：2019年12月26日。

的问题是，P2P网络借贷平台究竟是一种金融手段，还是一个金融活动的场所？有观点认为，P2P网络借贷平台仅仅是一种手段，其本质还是金融活动。也有观点认为，P2P网络借贷平台是一种场所，即区别于实体场所的一种虚拟场所。笔者认为，P2P网络借贷平台的属性，应当结合有关法律规范进行界定，P2P网络借贷平台的本质属性，实质上是指P2P网络借贷平台的法律属性。无论是作为一种手段，还是作为一个场所，一旦涉及法律定性，依然必须回归到具体的P2P网络借贷平台行为。特别是随着互联网技术的发展，行为手段和行为场所完全可能虚拟化。因此，单纯将P2P网络借贷平台理解为一种场所或者一种手段，对于P2P网络借贷平台的法律定性并无意义。同一个P2P网络借贷平台行为，完全有可能因为行为人的客观行为、主观目的等不同，而出现分别将P2P网络借贷平台理解为手段或者场所之情形。从这个意义上而言，P2P网络借贷平台兼具手段和场所之属性。

（二）P2P网络借贷平台的本土异化

P2P网络借贷平台均一般会涉及不特定多数人的资金流转，那么，P2P网络借贷平台究竟是为他人向社会公众吸收资金提供帮助？还是本身就是吸收资金或融资的行为？对于这一问题理解的不同，极有可能导致不同的法律评价。例如，2014年3月25日，最高人民法院、最高人民检察院、公安部《关于办理非法集资刑事案件适用法律若干问题的意见》（以下简称《意见》）第4条规定，为他人向社会公众非法吸收资金提供帮助，从中收取代理费、好处费、返点费、佣金、提成等费用，构成非法集资共同犯罪的，应当依法追究刑事责任。能够及时退缴上述费用的，可依法从轻处罚；其中情节轻微的，可以免除处罚；情节显著轻微、危害不大的,不作为犯罪处理。显然,在可能涉及刑事犯罪的情况下,如果将P2P网络借贷平台理解为为他人向社会公众吸收资金提供帮助,根据上述《意见》第4条,则存在出罪的可能性,而如果将P2P网络借贷平台理解为本身就是吸收资金的行为,则并不存在出罪可能。笔者认为,关于这一问题,应视P2P网络借贷平台的不同形式而予以不同认定。

应当看到,P2P网络借贷平台在国外发展之初是为了撮合借款人和贷款人之间的直接交易,即无须银行介入贷款人就可以直接选择其认为合适的借款人并与之进行交易。P2P网络借贷平台应该是为借款人和贷款人之间的交易提供信息咨询服务的交易平台,扮演居间人的角色。如2005年英国创立的全球第一家P2P网络借贷平台"协议空间"、2006年美国创立的"繁荣市场",还有英国的"融资圈"、德国的"第一信贷市场"、西班牙的"社区借贷"、日本的"社交融资"、韩国的"大众借贷"等。[①] 中国银行业监督管理委员会办公厅在《关于人人贷有关风险提示的通知》(2011年8月23日)中针对"人人贷"也明确指出,"这类中介公司收集借款人、出借人信息,评估借款人的抵押物,如房产、汽车、设备等,然后进行配对,并收取中介服务费"。由此可以看出,P2P网络借贷平台似乎应该是一种信贷服务居间人,其本身并不参与融资、投资行为,其地位应当是中性的。

但是,我国目前很多P2P网络借贷平台发生了诸多异化,开始直接介入借款人和贷款人之间的交易,成为交易的主体。比

---

① 冯果、蒋莎莎:《论我国P2P网络贷款平台的异化及其监管》,载《法商研究》2013年第5期。

如，一些P2P网络借贷平台通过将借款需求设计成理财产品，出售给放贷人，或者先归集资金、再寻找借款对象等方式，使放贷人资金进入平台账户，产生资金池。① 在具体运作时，P2P网络借贷平台通常借助创始人或其内部成员作为平台创设的一个固定的初始出借人，充当借款人与真正出借人之间的纽带。即由其创始人（或其他内部成员）通过资金出借获得债权，再把获得的债权进行拆分组合，通过出让给客户销售理财产品的方式将债权转让出去，投资人与借款人之间并不发生直接的联系，从而借助其创始人之手巧妙地实现了债权资产证券化，并通过理财产品的出售等形成资金池，使其具备银行拥有的吸储、放贷及理财等诸多功能。② 从我国实际发生的一些个案来看，P2P网络借贷平台呈现更为明显的异化特征。比如，有的P2P网络借贷平台非法募集资金，形成"资金池"，即把资金汇集到一起，形成一个像蓄水池一样的储存资金的空间，再以高利转借给他人；有的P2P网贷平台虚构借款事由，将募集的资金用于自己的公司经营，达到"自我融资"的目的；有的P2P平台对于借款人及借款用途疏于核查，造成大量虚假借款需求。③ 这种情况下，P2P网络借贷平台实质上演变成了民间融资活动中的一个特殊"金融机构"。显然，此时的P2P网络借贷平台本质上与传统金融服务并无差异，

---

① 周芬棉：《P2P三种情形可构成非法集资》，载《法制日报》2014年4月22日第6版。

② 冯果、蒋莎莎：《论我国P2P网络贷款平台的异化及其监管》，载《法商研究》2013年第5期。

③ 王春：《浙江10家P2P网贷平台涉嫌非法集资被查》，载《法制日报》2014年4月19日第8版。

只是以新型的金融方式体现出来而已。

二、P2P 网络借贷平台的类型化及其刑事责任

通过上文分析，可以得出目前我国的 P2P 网络借贷平台实际上有两种类型：一种为未异化的 P2P 网络借贷平台，该种 P2P 网络借贷平台仅仅从事借贷中介活动，通过信息提供、成功匹配借贷双方收取佣金，并不成为交易的主体，在性质和地位上是中性的。笔者将该种 P2P 网络借贷平台定义为中立帮助性质的 P2P 网络借贷平台。另一种为异化之后的 P2P 网络借贷平台，该种 P2P 网络借贷平台或者把资金汇集成"资金池"后用作他用，或者将募集的资金用于自己投资经营，从而具备吸储、放贷及理财等功能。笔者将该种 P2P 网络借贷平台定义为非中立帮助性质的 P2P 网络借贷平台。显然，P2P 网络借贷平台刑事责任的讨论，应当在坚持 P2P 网络借贷平台类型化的基础上分别进行。

（一）中立帮助行为性质的 P2P 网络借贷平台及其刑事责任

中立帮助行为，在德国被称为"外部的中立的行为""日常的行为""职业典型的行为""职业上的相当性行为""习惯的业务活动的行为"等，在日本被称为"日常的行为""中立的行为"等，在我国台湾地区被称为"中性帮助行为""中性业务行为"，我国有学者称为"外表无害的'中立'行为""日常生活行为"等。① 不管何种名称，所表达的均是一个意思，核心是指

---

① 陈洪兵：《中立的帮助行为论》，载《中外法学》2008 年第 6 期。

在外观上无害,客观上不会对正犯行为、结果起到促进作用的中性行为。更进一步,中立帮助行为可理解为如下行为模式:实施者假使面对与正犯情况相同的其他人也会从事的行为,因为其行为自始至终是为了实现独立于犯罪或犯罪人之外,而且并非法所不许可目的之自我目的。由前项定义可知,没有何种行为是不证自明的本质上中立行为。要论断或证明某个人所为的行为是否为中立行为,必须依据行为人实施该行为所预计达到的目的,才能判断行为的性质。中性行为必须是依据自我目的而实施的行为,也因此,对所有的人(包括正犯)都会实施的行为。除了是基于自己目的,也必须是法所许可的目的。举例而言,在射击协会为了进行射击活动,教授如何使用枪械,这是属于中性行为。[1] 中立行为之用语除了说明了此类行为与犯罪没有直接关系外,其现象上的意义是日常的或典型业务。日常行为除了可以指称非业务性质的私人行为(此处所指的日常非业务性质的私人行为,例如,甲向乙借打火机。乙可能使用来点烟,也可能使用来点燃火种燃烧建筑物),也可指称业务活动行为。[2]

中立帮助行为是否成立帮助犯,在德日刑法学理论上存在较大学说争议,概括而言,主要有主观说、客观说和折中说三种。主观说主张立足于中立帮助行为者的主观方面划定何种中立行为可称为帮助犯,内部又分为促进意思有无说和直接故意间接故意区分说两种。前者认为,为了成立帮助犯,不仅需要认识正犯的

---

[1] 蔡蕙芳:《P2P网站经营者之作为帮助犯责任与中性业务行为理论之适用》,载《东吴法律学报》2006年第1期。

[2] 蔡蕙芳:《P2P网站经营者之作为帮助犯责任与中性业务行为理论之适用》,载《东吴法律学报》2006年第1期。

行为，而且还必须具有促进他人犯罪行为的认识与意思。在缺乏这种意思的情况下，就不成立帮助犯。后者认为，如果在中立的帮助行为中，行为人仅有未必的故意就不能成立帮助犯。① 客观说认为，只要所提供的助力对正犯之犯罪构成要件实现上（侵害法益或对法益形成危险）有因果关系，或在构成要件行为实行上有促进关系，或风险升高关系，即已成立帮助行为。然而，适用此理论将会导致刑法处罚范围过度扩张，产生让人无法接受的结果，故客观说内部又出现了限制客观不法构成要件该当性的解决方案、客观归责理论的解决方案和违法性阶层的解决方案三种理论。② 折中说则是兼顾主客观对中立帮助行为之成立予以判断。笔者认为，无论是客观说、主观说还是折中说，对于中立帮助行为之成立的判断，所遵循的核心思想是将中立帮助行为的成立限制在一个合理的范围内，从而得出较为妥当的结论。

中立帮助行为性质的 P2P 网络借贷平台，指的是纯粹为了引导借贷双方达成借贷协议、仅仅收取中介费的网络借贷模式。通过借鉴国外刑法理论关于中立帮助行为的研究成果，笔者认为，该种模式的 P2P 网络借贷平台能否构成刑事犯罪，主要考虑三点：第一，P2P 网络借贷平台与正犯行为的关联性程度，这是讨论中立帮助行为性质的 P2P 网络借贷平台刑事责任的前提；第二，P2P 网络借贷平台对他人利用其从事犯罪活动是否具有主观上的明知；第三，P2P 网络借贷平台与正犯的犯罪行为是否具有

---

① 张伟：《中立帮助行为探微》，载《中国刑事法杂志》2010 年第 5 期。

② 蔡蕙芳：《P2P 网站经营者之作为帮助犯责任与中性业务行为理论之适用》，载《东吴法律学报》2006 年第 1 期。

因果关系。换言之，P2P网络借贷平台帮助犯之成立，必须要有帮助的故意和行为，其中，帮助的行为与正犯的实行行为之间具有因果关系。

具体而言，要考察中立帮助行为性质的P2P网络借贷平台与正犯行为的关联性，主要考虑两点：一是扣除掉正犯的犯罪行为，提供帮助的P2P行为是否有其他意义；二是正犯的唯一目的是否就是实施犯罪行为。如果扣除掉正犯的行为，提供帮助的P2P网络借贷平台没有其他意义，即P2P网络借贷平台与正犯行为具有强依附性，且正犯的唯一目的就是实施犯罪行为，则可以得出P2P网络借贷平台与正犯行为之间具有强关联性。主观上，要认定P2P网络借贷平台是否对于正犯的犯罪行为具有认识，包括两点：一是明确性认识，即P2P网络借贷平台对正犯的犯罪行为具有明确性的认知。二是高度怀疑性认识。如果P2P网络借贷平台对正犯行为不具有明知，但是存在高度怀疑时，也应当认定P2P网络借贷平台对正犯犯罪行为具有主观上的认识。在理解高度怀疑时，应引入信赖原则，即应当相信他人不会通过自己的行为从事违法犯罪活动，因此，除非他人表现出明显的犯罪倾向且本人也已经认识到时，才能认定为高度怀疑。① 关于P2P网络借

---

① 比如，五金店主将匕首卖给他人，此时应当相信他人不会用该匕首去杀人，故尽管事后他人用该匕首实施了杀人行为，基于社会相当性的考虑，也不能认定五金店主卖匕首的行为成立杀人的帮助犯。但是，在五金店主目光所及的范围内，正在聚众斗殴的人群中有一人跑向五金店向店主购买匕首，此时购买匕首的人已经表现出明显的用匕首伤害（或杀人）的犯罪倾向，如果五金店主仍然将匕首卖给该人，则有可能成立杀人或者伤害的帮助犯。

贷平台与正犯犯罪行为之间因果关系的认定，应遵循"帮助行为只要对犯罪结果的发生产生共同作用、提高犯罪成功率、帮助效用并且持续到犯罪结果的发生，即可肯定其与犯罪存在因果关系"①之通行准则。

（二）非中立帮助行为性质的P2P网络借贷平台及其刑事责任

此时，P2P网络借贷平台已经突破了中立帮助行为的范畴，而带有自身目的，实质上是民间融资行为，极有可能触犯某些犯罪。尽管我国对于互联网金融的立场是支持和容忍新型金融产品、鼓励金融创新，并不会取缔互联网金融，②因而在短时期内不会对这些行为以犯罪论处，但是不可否认的是，一旦发生严重危害后果，刑法介入就显得极为必要。具体而言，该种情况下P2P网络借贷平台可能涉及以下几种犯罪：

1. 洗钱犯罪

P2P网络借贷平台中的金融活动，从来不问资金来源，出借者或者投资者也不关心资金实际走向，由于游离于正规金融体系之外，国家对这方面的情况也无从掌控和监管，P2P网络借贷平台极有可能成为为违法所得加以隐瞒掩饰，使之变为合法财产的洗钱犯罪的中介。犯罪嫌疑人为掩饰、隐瞒毒品犯罪、黑社会性质的组织犯罪、贪污贿赂犯罪、恐怖活动犯罪、走私犯罪、破坏

---

① 黄惠婷：《帮助犯之帮助行为——兼探讨网络服务提供者之刑责》，载《中原财经法学》2000年第5期。

② 包兴安：《周小川重磅表态：不会取缔余额宝》，载《证券日报》2014年3月5日第A01版；史进峰：《央行官员建议：对余额宝等货基实施存准管理》，载《21世纪经济报道》2014年3月19日第11版。

金融管理秩序犯罪、金融诈骗犯罪的违法所得及其收益的来源和性质，往往乐于通过 P2P 网络借贷平台等相对"隐秘"的方式使非法所得收入合法化。

2. 非法集资类犯罪

P2P 网络借贷平台最有可能涉及的就是非法集资类犯罪。对此，中国银行业监督管理委员会办公厅《关于人人贷有关风险提示的通知》（2011 年 8 月 23 日）中也指出，"由于行业门槛低，且无强有力的外部监管，人人贷中介机构有可能突破资金不进账户的底线，演变为吸收存款、发放贷款的非法金融机构，甚至变成非法集资"。有学者进一步认为，"梳理我国金融法规，不难发现，无论是设立金融机构，还是从事金融活动，都要得到相关主管机关的审核批准。我国的金融刑法规范又以相关的金融法规作为前置内容，这必然导致任何没有经过相关主管机关批准的集资型融资活动都会遭遇'身份危机'，很难具有'形式合法性'，都可以打上'非法'的标签"。[①] 2011 年 1 月 4 日，最高人民法院《关于审理非法集资刑事案件具体应用法律若干问题的解释》（以下简称《非法集资解释》）第 1 条对《刑法》第 176 条规定的"非法吸收公众存款或者变相吸收公众存款"设置了四项必须同时满足的条件：（1）未经有关部门依法批准或者借用合法经营的形式吸收资金；（2）通过媒体、推介会、传单、手机短信等途径向社会公开宣传；（3）承诺在一定期限内以货币、实物、股权等方式还本付息或者给付回报；（4）向社会公众即社会不特定对象

---

① 张洪成：《非法集资行为违法性的本质及其诠释意义的展开》，载《法治研究》2013 年第 8 期。

吸收资金。之后，《非法集资解释》第 2 条又列举了 10 种应当认定为非法吸收公众存款罪的具体行为和 1 项兜底性规定，并要求只有实施上述具体行为之一，且同时符合《非法集资解释》第 1 条第 1 款规定条件的，才能以非法吸收公众存款罪定罪处罚。根据最高司法机关有关人员的解释，第 2 条"列举的诸种情形重在揭示非法吸收公众存款的行为方式，在表述上未必全面完整，实践当中，仍需根据《解释》第 1 条关于非法集资的概念和 4 个特征要件进行具体认定"。[①] 因此，认定某行为是否构成非法吸收公众存款罪的关键标准就是《非法集资解释》第 1 条第 1 款所设立的四项条件。

将 P2P 网络借贷平台与《非法集资解释》中的 4 个条件一一比对后发现，极易得出 P2P 网络借贷平台涉嫌非法吸收公众存款的结论。比如，某些 P2P 网贷平台公司超越居间人的角色，直接以融资者的形象出现，向社会公众募集资金，就极有可能满足《非法集资解释》第 1 条第 1 款所规定的非法吸收公众存款罪的构成要件。又如，有的网贷平台公司推出所谓的优选理财产品，向公众募集巨额资金，并设置"锁定期"。[②] 对此有学者指出，"这种行为虽然以'理财计划'替代'理财产品'，但只不过在玩文字游戏，一旦有关公司承诺在一定期限内以货币、实物、股

[①] 刘为波：《〈关于审理非法集资刑事案件具体应用法律若干问题的解释〉的理解与适用》，载《人民司法（应用）》2011 年第 5 期。

[②] 郭奎涛：《人人贷被指涉嫌非法集资》，载《中国企业报》2013 年 2 月 5 日第 8 版。

权等方式还本付息或者给付回报,就可能构成非法吸收公众存款罪"。① 再如,P2P 网络借贷平台"中宝投资"以高息为诱饵,对外发布含有虚假借款人和虚假借款用途等内容的贷款信息,向全国各地公众大量吸收资金。② 当然,如果 P2P 网络借贷平台以非法占有为目的,采用诈骗的方法非法集资,则很有可能构成集资诈骗罪。

3. 擅自设立金融机构罪

根据《刑法》第 174 条规定,未经中国人民银行批准,擅自设立商业银行或者其他金融机构的,处 3 年以下有期徒刑或者拘役,并处或者单处 2 万元以上 20 万元以下罚金;情节严重的,处 3 年以上 10 年以下有期徒刑,并处 5 万元以上 50 万元以下罚金。P2P 网络借贷平台游离于金融监管体系之外,未获得中国人民银行的批准,并无从事金融活动的相关资质,却从事着类似于传统商业银行的业务,其与正规金融机构的核心业务并无多大差别,实质上就是"金融机构"。因此,理论上来说,非中立帮助行为性质的 P2P 网络借贷平台完全符合擅自设立金融机构罪之构成要件。

---

① 左坚卫:《P2P 网络借贷中的刑法问题探讨》,载 http://ccls. bnu. edu. cn/criminal/info/showpage. asp? ProgramID = &pkID = 42592&keyword = P2P% CD% F8% C2% E7% BD% E8% B4% FB% D6% D0% B5% C4% D0% CC% B7% A8% CE% CA% CC% E2% CC% BD% CC% D6,访问日期:2019 年 12 月 26 日。

② 2014 年 4 月 14 日,"中宝投资"网站创立者周辉因涉嫌非法吸收公众存款罪,被浙江省衢州市人民检察院批准逮捕。王春:《浙江 10 家 P2P 网贷平台涉嫌非法集资被查》,载《法制日报》2014 年 4 月 19 日第 8 版。

4. 盗窃、诈骗、职务侵占等侵犯财产罪

随着社会经济和交易、支付方式的发展，货币更多以虚拟数字的形式得以体现，交易、投资行为也多在虚拟空间中完成，从而使得传统的盗窃、诈骗、职务侵占等侵犯财产犯罪具有新的特征。在当前快速发展的宏观环境下，P2P网络借贷平台也成为家喻户晓的金融理财方式，非中立帮助行为性质的P2P网络借贷平台融入、持有了大量资金，部分P2P网络借贷平台有可能窃取客户资金，部分不法分子则很有可能打着金融平台的幌子，骗取投资者的信任，进而骗取他人钱财。如2012年6月3日，P2P网络借贷平台淘金贷上线，吸引了80多人投标，但一周不到，6月8日淘金贷网站即关闭，负责人陈某携款潜逃，卷走资金超过100万元。① 还有部分P2P网贷平台公司如贝尔投资、优易贷、哈哈贷等也出现了关闭、公司管理层卷款跑路事件。② 另外，如果P2P网络借贷平台的经营者利用其管理资金的职务便利，挪用资金或者将资金非法占为己有，则可能构成挪用资金罪和职务侵占罪等。

5. 非法经营罪

由于非中立帮助行为性质的P2P网络借贷平台通过收取手续费、赚取利息差获利，涉及的付息情况、借贷利率均普遍高于同期金融机构利息和利率，因此非中立帮助行为性质的P2P网络借贷平台可能会涉及关于高利贷的认定及司法立场。2002年1月31

---

① 茅建中：《商业性P2P网络借贷的风险与法律规制》，载《人民司法》2013年第17期。
② 史文才：《试论P2P网贷与非法金融业务的法律界限》，载《金融法苑》2013年第1期。

日,中国人民银行《关于取缔地下钱庄及打击高利贷行为的通知》第2条规定,民间个人借贷利率由借贷双方协商确定,但双方协商的利率不得超过中国人民银行公布的金融机构同期、同档次贷款利率(不含浮动)的4倍。超过上述标准的,应界定为高利借贷行为。由此笔者认为,所谓高利贷,是指利率超过中国人民银行公布的金融机构同期、同档次贷款利率(不含浮动)的4倍的借贷。由于我国刑事立法并未就发放高利贷行为予以明确,在具体实践中对于发放高利贷行为按照非法经营罪论处是通过一系列个案得以表现,实际上是一种司法犯罪化的进程。① 比如,2003年1月13日,最高人民法院就武汉市公安局侦办的涂汉江发放高利贷案给公安部经侦局的《关于涂汉江非法从事金融业务行为性质认定问题的复函》(以下简称《复函》)中明确答复:高利贷行为系非法从事金融业务活动,数额巨大,属于《刑法》第225条第4项所规定的"其他严重扰乱市场秩序的非法经营行为",构成非法经营罪。尽管根据最高人民法院《关于司法解释工作的规定》(2007年3月23日)第5条和第6条规定,② 该《复函》不属于司法解释,并不具有法律效力,但是其对司法实践依然起到了重要的导向作用。通过将高利贷行为解释为"其他严重扰乱市场秩序的非法经营行为"进而将发放高利贷行为以非

---

① 张建、俞小海:《强索高利贷行为的刑法分析》,载《中国刑事法杂志》2012年第8期。

② 2007年3月23日,最高人民法院《关于司法解释工作的规定》第5条规定,最高人民法院发布的司法解释,具有法律效力。第6条规定,司法解释的形式分为"解释""规定""批复""决定"四种。

法经营罪处理几乎成为近年来司法实践的通行做法。① 尤其值得注意的是，2019 年 7 月 23 日，最高人民法院、最高人民检察院、公安部、司法部印发的《关于办理非法放贷刑事案件若干问题的意见》，明确以司法解释的形式将非法发放高利贷的行为认定为非法经营罪。根据该司法解释，违反国家规定，未经监管部门批准，或者超越经营范围，以营利为目的，以超过 36% 的实际年利率，经常性地向社会不特定对象发放贷款（2 年内向不特定多个单位和个人以借款或其他名义出借资金 10 次以上），扰乱金融市场秩序，情节严重的，依照《刑法》第 225 条第 4 项的规定，以非法经营罪定罪处罚。因此，非中立帮助行为性质的 P2P 网络借贷平台中出现的打造"资金池"后以高利转借给他人等行为，极有可能是发放高利贷行为，从而构成非法经营罪。

值得肯定的是，对于异化后 P2P 网络借贷平台所具有的非法集资风险，我国有关部门已经有所察觉。比如，2013 年 11 月 25 日处置非法集资部际联席会议办公室负责人在防范打击非法集资法律政策宣传座谈会上就指出，一些中介机构以高额回报为诱饵非法吸收公众资金，用于投资或转借给他人，牟取不法利益，一些地方的风险已经集中暴露。网络借贷诱发非法集资将成为新的案件高发点。② 在有些地区，如浙江和重庆等地公安机关则对于

---

① 刘硕：《我市首次判决放高利贷者有罪》，载《南京日报》2011 年 12 月 27 日第 A07 版。

② 袁定波：《P2P 平台网络借贷非法集资风险飙升，全国 50 余私募企业涉嫌非法集资》，载《法制日报》2013 年 11 月 26 日第 5 版。

涉嫌犯罪的 P2P 网络借贷平台及时予以了介入、查处。① 应当说，这是极为必要的。

三、P2P 网络借贷平台刑法调整的科学化与理性化

"法无禁止即可为"作为一种法理对于 P2P 网络借贷平台的推进和法律立场选择同样适用。P2P 网络借贷平台是一种金融创新模式，在我国尚属一个新生事物，其存在具有一定的社会土壤和合理性。笔者认为，在坚持罪刑法定原则的基础上，应正确处理好鼓励金融创新与刑法介入适度性的关系。对于 P2P 网络借贷平台，一方面，刑法应当充分尊重其存在的合理性，肯定金融创新，坚持"民事、行政为先，刑法补充"；另一方面，对于因 P2P 网络借贷平台而引发的严重危害他人合法利益和国家金融管理秩序的犯罪行为，刑法应及时、准确、适度介入，从而发挥刑法对金融秩序和社会稳定的屏障作用。

首先，刑罚犹如一把"双刃剑"，用之得当，则个人与社会两受益；用之不当，则个人与社会两受害。P2P 网络借贷平台作为一个金融创新事物，刑法的介入必须慎之又慎，只有在民事、行政手段无法准确评价和规制的情况下，才考虑刑法的适用。在行政法规出台之前，刑法应保持足够克制与谦抑性。"既然非法集资活动日益增多是我国目前金融体制下金融资源垄断的必然结果，那么将有正当需求的集资行为定性为犯罪，粗暴地禁止所有未经批准的集资活动，就势必无法满足我国经济持续发展所产生

---

① 王春：《浙江 10 家 P2P 网贷平台涉嫌非法集资被查》，载《法制日报》2014 年 4 月 19 日第 8 版。

的合理资金需求,也无法为今后民间融资合法化预留空间,更不符合保护投资者利益的公共政策。"① 尽管 2011 年 8 月 18 日最高人民法院《关于非法集资刑事案件性质认定问题的通知》否定了行政部门对于非法集资的性质认定是非法集资案件进入刑事程序的必经程序,对此,《意见》进一步予以重申。② 这似乎说明,非法集资类刑事案件并不一定需要前置性违法,但是笔者认为,出于用刑慎重的考虑,在非法集资类案件进入刑事程序之前特别是涉及对新型、疑难、争议较大的互联网金融行为予以刑法评价之前,应当参照有关行政机关的意见。③

其次,对于确因 P2P 网络借贷平台而引发的严重危害他人合法利益和危害国家金融管理秩序的犯罪行为,作为最严厉的法律评价,刑法在介入时也应当坚持适度性和准确性原则,准确把握金融犯罪构成要件的基础上,严格遵循宽严相济之刑事政策,充分关照互联网金融的特性来进行量刑,以保持刑法调整思维与互联网金融发展实际的合拍。

---

① 刘宪权:《刑法严惩非法集资行为之反思》,载《法商研究》2012 年第 4 期。

② 《意见》第 1 条第 1 款规定,行政部门对于非法集资的性质认定,不是非法集资刑事案件进入刑事诉讼程序的必经程序。行政部门未对非法集资作出性质认定的,不影响非法集资刑事案件的侦查、起诉和审判。

③ 这与我国最新司法解释的立场是基本一致的。《意见》第 1 条第 2 款规定,公安机关、人民检察院、人民法院应当依法认定案件事实的性质,对于案情复杂、性质认定疑难的案件,可参考有关部门的认定意见,根据案件事实和法律规定作出性质认定。

法律链接

1. 《中华人民共和国刑法》第 174 条、第 176 条、第 225 条

2. 最高人民法院、最高人民检察院、公安部《关于办理非法集资刑事案件适用法律若干问题的意见》第 4 条

3. 最高人民法院《关于审理非法集资刑事案件具体应用法律若干问题的解释》第 1 条

4. 最高人民法院、最高人民检察院、司法部《关于办理非法放贷刑事案件若干问题的意见》第 1 点

5. 最高人民法院《关于非法集资刑事案件性质认定问题的通知》第 1 点

专题八　网络游戏外挂行为司法认定

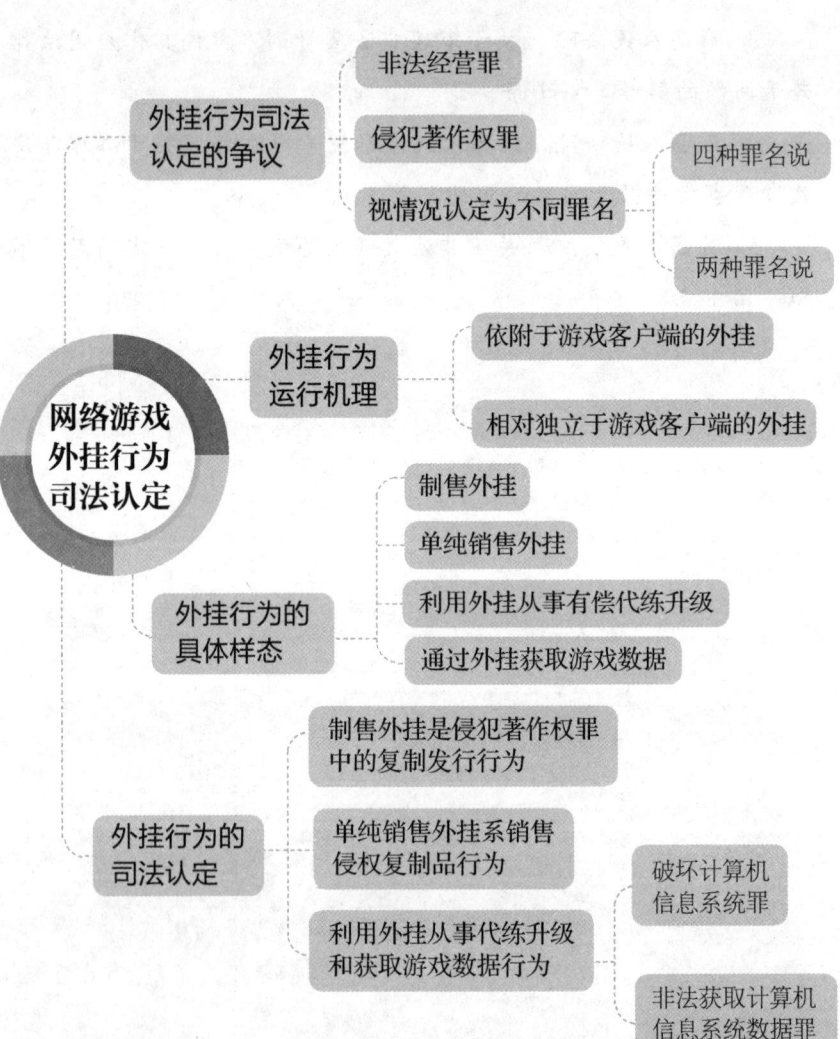

在当前互联网、大数据、人工智能技术不断发展的背景下，文字、图形、声音、影像、计算机软件等所有的资讯都可以通过数字化的形式加以呈现并在网络上传输、存储、使用。这给著作权的保护带来了新的挑战。随着我国网络游戏市场的快速发展，外挂行为也频繁出现，其社会危害性也日益凸显。外挂程序具有违反游戏规则、破坏游戏公平性和平衡性的本质特征，外挂行为可以让使用者获取超出游戏规则允许的非法利益，对游戏的公平性和游戏存在的意义均造成了严重危害，应予刑法上的否定评价。但是，无论是理论上还是司法实践中，对于外挂行为的定性存在较大争议，一定程度上影响了刑法适用的统一性和准确性。有必要就网络游戏外挂行为的司法认定问题进行梳理分析。

一、外挂行为司法认定的争议

围绕外挂行为的司法定性，理论界主要存在三种观点：一是非法经营罪。比如，有人认为，外挂行为应以非法经营罪认定。[①] 二是侵犯著作权罪。有人认为，外挂行为在本质上是对他人合法出版的互联网作品所享有的著作权的侵害，因而这种行为可以视为"复制发行"行为，违法所得数额较大或者有其他严重情节的，可以按侵犯著作权罪定罪处罚。[②] 三是视情况认定为不同罪名，其中又分为四种罪名说和两种罪名说。比如，有人认为，外

---

① 石金平、游涛：《论网络游戏外挂的刑法规制》，载《政治与法律》2009 年第 10 期。

② 刘宪权、吴允锋：《侵犯知识产权犯罪理论与实务》，北京大学出版社 2007 年版，第 294 页。

挂有可能构成侵犯著作权罪、销售侵权复制品罪，有可能构成破坏计算机信息系统罪，也有可能构成非法经营罪。① 还有人认为，应视复制的程度，分别将制作外挂行为认定为侵犯著作权罪和非法经营罪。② 总体而言，第三种观点即视情况分别认定为不同罪名是当前我国刑法学界的主流观点。

笔者认为，上述三种观点均存在不足。首先，从司法判决的案例来看，外挂行为有编制外挂软件并出售牟利、单纯出售外挂程序牟利、利用他人制作的外挂程序从事网络游戏有偿代练升级而牟利、利用外挂软件避开游戏安全保护措施在游戏中自动赚取虚拟游戏币四种。这四种行为具体样态各异，能否在一个抽象的层面适用一种罪名，存在较大疑问。在没有对这四种行为作出剖析并类型化的基础上，试图用一个罪名予以涵括，与刑法调整的精确性相差甚远。其次，从罪责刑相适应的角度而言，视不同情形对不同的外挂行为予以分别评价，大体上是合适的。但上述观点仍存在较大问题。根据四种罪名说之观点，认定不同罪名的依据在于判断行为人所传播的外挂、所复制的程序是否达到可罚程度、是否为恶性外挂软件且情节严重、作为非法出版物的外挂行为是否达到法定程度。实际上，无论是达到可罚的程度，还是作为非法出版物达到法定程度，抑或是恶性外挂且情节严重，不过是刑法调整视野下外挂行为的三个侧面而已。换言之，任何一个值得科处刑罚的外挂行为都同时具备上述三个条件。从这个角度

---

① 王燕玲：《论网络游戏中"外挂"之刑法规制》，载《法律适用》2013年第8期。

② 张志勇：《制作"游戏外挂"并出售牟利应如何处理》，载《人民检察》2006年第24期。

而言，四种罪名说之观点只不过是指出了外挂行为刑罚发动的三个条件而已，并未针对每一种具体行为深入探讨最终应当认定为何种罪名。退一步而言，即便认为外挂行为同时符合上述四个罪之构成要件，成立想象竞合犯择一重罪论处，但由于破坏计算机信息系统罪和非法经营罪之刑罚总体上高于侵犯著作权罪和销售侵权复制品罪，因而极易导致前两个罪名的过度适用，架空知识产权犯罪罪名适用空间，实不足取。在两种罪名说中，如何认定游戏外挂复制程度，以及该种解释是否与我国著作权相关法律规范以及刑法保护著作权的刑事政策契合，均不无疑问。

应当看到，外挂行为刑法评价的出发点和落脚点均在于具体的外挂行为。因此，笔者认为，对于外挂行为的刑法评价至少应当符合两个条件：第一，通过对外挂行为运行机理的剖析并由此对外挂行为具体样态的准确把握，找出不同外挂行为的共性与个性，在类型化的基础上展开刑法学分析；第二，由于外挂涉及知识产权方面的内容，因而对于外挂行为的刑法认定，应充分尊重知识产权相关法律规范并结合刑法解释、刑事政策等因素确定罪名适用。其中，对于外挂行为运行机理并由此对外挂行为具体样态的准确把握，是外挂行为刑法评价的逻辑起点。

二、外挂行为的运行机理分析

有学者认为，外挂程序是行为人故意编制的，通过破坏网络游戏的技术保护措施，复制利用他人的源代码，修改、伪造游戏数据等手段，用以提供网络游戏本身并不具有的功能或者扩展游戏客户端功能，行为手段通常表现为破坏游戏程序的技术、保护措施、复制利用他人网游程序、修改和伪造数据封包等。① 有人认为，外挂，是指一种能增强功能的软件，即通过修改服务器端程序、客户端程序和修改客户端程序与服务器端程序之间传送的数据的方法作弊，以加速游戏升级、增强游戏的效果。② 也有人认为，外挂程序是故意编制的、以对网络游戏或者包含网络游戏在内的一系列程序产生直接或间接影响的、并非网络游戏本身客户端程序的程序。③ 那么，究竟什么是外挂程序？外挂程序的运行机理是什么？或许这是比对外挂程序作出定义更为重要和关键的问题。

一般而言，网络游戏软件由服务器端程序和客户端程序组成，正常情况下，用户只需通过下载客户端程序后，在互联网上与服务器端连接即可运行游戏，但是外挂程序的介入改变了这一正常游戏操作规则，外挂程序与服务器端和客户端关系极为紧密。根据外挂程序与服务器、客户端运行机理的不同，并结合司法实践中的具体案例，外挂程序可以分为两大类：一是依附于游戏客户端的外挂。即用户在使用外挂程序时需要同时下载游戏客户端程序，而且一般要分别输入游戏和外挂程序所要求的用户名和密码，从而与游戏服务器端连接。二是相对独立于游戏客户端的外挂。使用该种外挂，无须另行下载游戏客户端程序，只需运

---

① 于冲：《网络犯罪的裁判经验与学理思辨》，中国法制出版社2013年版，第298页。

② 于同志：《网络游戏"外挂"的认定与处罚》，载《政法论丛》2008年第6期。

③ 寿步等：《外挂程序的定义特征和分类》，载《电子知识产权》2005年第8期。

行外挂程序、输入相关验证信息即可与游戏服务器端连接。这种情况相当于将网络游戏运行在外挂程序上。这种外挂本质上是模拟客户端，使得游戏可以脱离客户端和玩家而独立运行，可以在完全无人控制的情况下独立完成一系列游戏操作，根据玩家预先设定，实现打怪、捡物、与玩家交易、技能使用、升级的完全自动化。整体而言，外挂程序的运行机理为：行为人通过逆向分析相关函数功能、参数及相关地址，破解网游服务器与客户端之间通讯包数据的结构、内容以及加密算法，编写外挂程序并将其注入游戏程序，修改游戏数据和代码来实现各种功能。①

但是，如果进一步分析，就会得出，无论是依附型的外挂程序还是相对独立的外挂程序，在不同的行为阶段，其具体样态也不一样。在制作外挂程序时，行为人通过分析、破解、拦截、调用、复制等手段获取游戏数据、结构、内容、代码，以此为基础编写外挂程序，此行为阶段涉及外挂程序的制成，并不涉及外挂的实际运行以及由此而来的对游戏进程、结果的控制；在销售外挂时，其对象系已经制作完成的外挂程序，而不涉及外挂的制作和运行，仅仅是将外挂当成一种"产品"予以销售；在利用他人制作的外挂从事有偿代练升级或者自动赚取虚拟游戏币时，行为人均需要实际运行外挂程序，而外挂程序在运行过程中会突破游戏技术保护措施，在客户端数据打包发向服务器之前，"截获网友客户端发送的数据包并作一定的修改，或者干脆冒充正常的游戏客户端发送数据包给服务器，以

---

① 寿步等：《外挂程序的定义特征和分类》，载《电子知识产权》2005年第8期。

达到欺骗服务器、实现一定功能的目的"。① 或者通过外挂运行自动获取游戏数据（如获取虚拟游戏币）。显然，外挂行为的刑法评价，应当在充分考虑外挂行为阶段、具体样态的基础上进行。

三、外挂行为司法认定的思路和规则

尽管外挂行为有制售外挂、单纯销售外挂、利用外挂从事有偿代理升级、通过外挂获取游戏数据等不同行为阶段，每一个阶段也会呈现不同的具体样态。但是，由于对各阶段行为及其具体样态之法律属性尚未达成共识，使得实践中极易出现因侧重点和选取角度之不同而导致不同的结论。因此，需要对外挂行为的不同阶段和行为样态予以分别分析。

（一）制售外挂是侵犯著作权罪中的复制发行行为

根据《刑法》第217条规定，构成侵犯著作权罪有三个条件：一是以营利为目的；二是违法所得数额较大或者有其他严重情节；三是实施特定四种行为之一。② 关于前两个条件，外挂行为之判定均无问题。由于外挂系针对网游而言，而网络游戏又属于计算机软件范畴，因而外挂行为构成侵犯著作权罪之客观行为只能是第一种，即"未经著作权人许可，复制发行其文字作品、

---

① 寿步等：《外挂程序的起源和机理》，载《电子知识产权》2005年第8期。

② 根据《刑法》第217条规定，这四种行为方式为：（1）未经著作权人许可，复制发行其文字作品、音乐、电影、电视、录像作品、计算机软件及其他作品的；（2）出版他人享有专有出版权的图书的；（3）未经录音录像制作者许可，复制发行其制作的录音录像的；（4）制作、出售假冒他人署名的美术作品的。

音乐、电影、电视、录像作品、计算机软件及其他作品的"。其中最为关键的就是对复制发行的理解。2007 年 4 月 5 日，最高人民法院、最高人民检察院《关于办理侵犯知识产权刑事案件具体应用法律若干问题的解释（二）》（以下简称《知识产权解释（二）》）第 2 条第 1 款对复制发行作了"包括复制、发行或者既复制又发行的行为"这一原则性解释。行为人将制作好的外挂程序置于网络供他人下载使用，系典型的通过信息网络传播、推销行为，符合我国有关司法解释关于发行的含义，认定为侵犯著作权罪中的发行行为自无疑义。但是，能否将制作外挂程序的行为认定为侵犯著作权罪中的复制行为，则需要进一步分析。对此，学界存在两种截然不同的观点。

笔者认为，在讨论制作外挂行为是否成立侵犯著作权罪中的复制行为时，应当紧密结合计算机软件的特点，并尊重相关行政法规，而不宜在一个相对抽象的层面进行。根据《计算机软件保护条例》第 2 条和第 3 条规定，计算机软件，是指计算机程序及其有关文档。计算机程序，是指为了得到某种结果而可以由计算机等具有信息处理能力的装置执行的代码化指令序列，或者可以被自动转换成代码化指令序列的符号化指令序列或者符号化语句序列。同一计算机程序的源程序和目标程序为同一作品。文档，是指用来描述程序的内容、组成、设计、功能规格、开发情况、测试结果及使用方法的文字资料和图表等，如程序设计说明书、流程图、用户手册等。"源程序是指用高级语言或汇编语言编写的程序。它是软件的开发人以人类可读的计算机语言完成的，经过一定训练，专业人员可以阅读和理解其内容，因而是一种作品。目标程序，是指源程序经编译或解释加工以后，可以由计算机直接执行的程序，是一种为计算机运行方便、快速而编制的专供计算机阅读和使用的语言程序。"① 显然，计算机软件中的源程序和目标程序是计算机软件得以运行和体现功能的核心内容，也是计算机软件得以区别于其他软件的关键所在，对于计算机软件源程序和目标程序的复制，当然属于侵犯著作权罪中的复制。那么，复制计算机软件文档是否构成对计算机软件的复制，并进一步符合侵犯著作权罪中的复制？答案依然是肯定的。

作为计算机软件的组成部分，文档与计算机程序密不可分。由于文档系用来描述计算机程序的内容、组成、设计、功能规格、开发情况、测试结果及使用方法的文字资料和图表，一旦突破技术保护措施获取了文档，在很大程度上就掌握了计算机程序的核心内容，因而对于文档的复制也属于对计算机软件的复制。根据《计算机软件保护条例》第 24 条第 1 款第 1 项规定，复制或者部分复制著作权人的软件的，均构成计算机软件著作权侵权，应视情况分别承担相应的民事、行政、刑事责任。由此也印证了笔者的观点。笔者认为，这里的部分复制，既包括复制比例的部分（如复制的源程序、目标程序或文档之内容分别占源程序整体、目标程序整体或整个文档的比例），也包括复制对象的部分（如仅仅复制计算机软件中的源程序、目标程序和文档三者中的一种或两种）。因此可以说，对于游戏软件而言，无论是整体复制还是部分复制，无论是同时复制源程序、

---

① 聂洪勇：《侵犯著作权犯罪的认定与处理》，法律出版社 2010 年版，第 68~69 页。

目标程序、文档三者，还是仅复制其中的部分，都是计算机软件的复制行为。综上，制售外挂行为是侵犯著作权罪中的复制发行行为。据此，行为人制售外挂行为，在以营利为目的，且违法所得数额较大或者有其他严重情节的情形下，应以侵犯著作权罪论处。

（二）单纯销售外挂系销售侵权复制品行为

《知识产权解释（二）》将侵犯著作权罪中的复制发行界定为"包括复制、发行或者既复制又发行的行为"，故单纯的发行行为也可构成侵犯著作权罪。该解释第2条第2款进一步规定，侵权产品的持有人通过广告、征订等方式推销侵权产品的，属于侵犯著作权罪中的发行。2011年1月10日，最高人民法院、最高人民检察院、公安部《关于办理侵犯知识产权刑事案件适用法律若干问题的意见》第12条进一步指出，侵犯著作权罪中的发行，包括总发行、批发、零售、通过信息网络传播以及出租、展销等活动。单纯销售外挂中，行为人从他人处获取外挂程序，系侵权产品持有人，其通过信息网络等方式推销、出售外挂，从表面上看，似乎符合上述司法解释关于侵犯著作权罪中发行的认定，应当认定为侵犯著作权罪。但是笔者认为，对此应当认定为销售侵权复制品罪。第一，尽管销售系发行行为之一种，侵犯著作权罪和销售侵权复制品罪之行为方式存在一定重合，但应当看到，前罪中发行的对象是著作权人的"正品"，作品本身没有问题，只是因未经著作权人许可而存在程序上的违法；而后罪中发行（销售）的对象是"侵权复制品"，销售的内容涉及违法。两罪惩处的对象、侧重点均不同。第二，侵权复制品的制作者决定了销售侵权复制品行为的法律性质。根据2004年12月8日最高人民法院、最高人民检察院《关于办理侵犯知识产权刑事案件具体应用法律若干问题的解释》第14条规定，实施侵犯著作权犯罪，又销售该侵权复制品，构成犯罪的，以侵犯著作权罪定罪处罚；实施侵犯著作权犯罪，又销售明知是他人的侵权复制品，构成犯罪的，应当实行数罪并罚。这充分说明，如果侵权复制品的制作者和销售者为同一主体，由于主观故意的同一性和客观行为的连续性，以主要的复制行为为基础按侵犯著作权罪论处；如果侵权复制品的制作者和销售者为不同主体，销售行为则应单独评价。

由于制作外挂程序系侵犯著作权罪中的复制行为，由此外挂程序在性质上属于侵权复制品，而并非著作权人的"正品"，据此，行为人对于该种外挂程序予以销售牟利，并非侵犯著作权罪中的发行行为，而系《刑法》第218条销售侵权复制品中的销售（发行）行为，违法所得数额巨大的，应当按销售侵权复制品罪论处。

（三）利用外挂从事代练升级和获取游戏数据行为之定性

利用他人制作的外挂软件从事有偿代练升级，以及利用他人制作的外挂软件获取游戏数据（如赚取虚拟游戏币），尽管行为人主观上对于外挂明知，但并未直接销售外挂软件，而是通过实际使用、运行外挂牟利，因而不符合销售侵权复制品罪之构成要件；由于利用的是他人已制作好的外挂，利用行为并不涉及复制游戏软件程序或相关文档，且未将外挂置于网络上公开供人下载，难以评价为侵犯著作权罪中的复制发行行为，故不宜按侵犯著作权罪论处；由于利用他人制作的外挂，既未涉及复制发行，也并非互联网出版活动，因而难以界定为非法经营活动，进而无法认定为非法经营罪。利用外挂从事有偿代练升级和获取游戏数据，是实际使用、运行外挂软件的行为，从其行为样态和外挂软件运行过程来看，对其刑法评价需要考虑以下两方面：第一，使用外挂时会规避或突破游戏软件的技术保护措施，破坏游戏的正常操作流程和运行方式。我国著作权法、信息网络传播权保护条例、计算机软件保护条例均将故意避开或者破坏（软件）著作权人为保护其（软件）著作权而采取的技术措施的行为认定为著作权侵权行为。① 但是，由于《刑法》第 217 条侵犯著作权罪行为方式中并无有关避开或破坏技术措施之表述，故对于该种行为无法按照侵犯著作权罪科处刑事处罚。但是这并不意味着不能以其他罪名来评价。第二，外挂软件运行过程中会破解游戏数据结构，直接获取游戏数据（如赚取虚拟游戏币），或者分析、拦截服务器与客户端之间通讯数据、内容，在客户端数据打包发向服务器之前，将内存中的数据包内容加以修改再发送给服务器，或者干脆冒充正常的游戏客户端发送数据包给服务器，从而实现对游戏的控制或修改，增强游戏功能。可见，利用他人制作的外挂软件过程，实际上就是一个破坏计算机软件正常运行、修改计算机信息系统中存储、处理或者传输的数据的行为，此时的外挂软件相当于一个破坏性程序。

据此笔者认为，利用他人制作的外挂从事代练升级行为和获取游戏数据的行为，在一定条件下可以构成破坏计算机信息系统罪和非法获取计算机信息系统数据罪。首先，关于外挂之性质，需要有相关资质的鉴定机构予以鉴定，如果鉴定意见为破坏性程

---

① 《著作权法》第 48 条第 6 项、《信息网络传播权保护条例》第 18 条第 2 项、《计算机软件保护条例》第 24 条第 1 款第 3 项。

序，则具备了成立破坏计算机信息系统罪的可能性，也符合"侵入计算机信息系统或者采用其他技术手段获取该计算机信息系统中存储、处理或者传输的数据"之行为方式，可认定为非法获取计算机信息系统数据罪。其次，应达到"后果严重"或"情节严重"之标准。根据 2011 年 9 月 1 日最高人民法院、最高人民检察院《关于办理危害计算机信息系统安全刑事案件应用法律若干问题的解释》第 6 条第 1 款第 4 项和第 1 条第 1 款第 4 项规定，破坏计算机信息系统或者非法获取计算机信息系统数据，违法所得 5000 元以上或者造成经济损失 1 万元以上的，即达到破坏计算机信息系统罪之"后果严重"和非法获取计算机信息系统数据罪之"情节严重"。同时应当注意，如果行为人通过外挂获取游戏数据主要目的在于获取虚拟财物（如通过外挂在游戏中自动赚取虚拟游戏币牟利），此时外挂系行为人实施侵犯财产行为的一个工具，构成侵犯财产罪与非法获取计算机信息系统数据罪的牵连关系，应从一重罪处理。

 法律链接

1. 《中华人民共和国刑法》第 217 条、第 218 条

2. 最高人民法院、最高人民检察院《关于办理侵犯知识产权刑事案件具体应用法律若干问题的解释》第 14 条

3. 最高人民法院、最高人民检察院《关于办理侵犯知识产权刑事案件具体应用法律若干问题的解释（二）》第 2 条

4. 最高人民法院、最高人民检察院、公安部《关于办理侵犯知识产权刑事案件适用法律若干问题的意见》第 12 条

5. 最高人民法院、最高人民检察院《关于办理危害计算机信

息系统安全刑事案件应用法律若干问题的解释》第 1 条第 1 款第 4 项、第 6 条第 1 款第 4 项

  6.《计算机软件保护条例》第 2 条、第 3 条、第 24 条

专题九　电信网络诈骗犯罪司法适用

电信网络诈骗犯罪司法适用
- 帮助取款行为罪名判定难点
- 帮助取款行为罪名判定要点
  - 帮助取款人明知的认定
  - 帮助取款行为的参与时点
  - 电信网络诈骗犯罪的实行行为及其终点——"控制说"
- 帮助取款行为罪名判定基本思路
  - 持自己提供的银行卡帮助取款——以诈骗罪共同犯罪论处
  - 持电信网络诈骗犯罪团伙提供的银行卡帮助取款
    - 诈骗钱款进银行卡之前持有银行卡——以诈骗罪共同犯罪论处
    - 诈骗钱款进银行卡之后持有银行卡——以掩饰、隐瞒犯罪所得论处近年来，利用通讯工具、互联网等技术手段，通过虚构"彩票中奖""低价购物""冒充熟人""电话欠费""信用卡消费""灾区募捐"等手段，针对不特定多数人实施的电信网络诈骗犯罪层出不穷，严重侵害了公民的合法权益和信息网络秩序。2016年9月23日，最高人民法院、最高人民检察院、公安部等发布了《关于防范和打击电信网络诈骗犯罪的通告》，要求"对电信网络诈骗案件，公安机关、人民检察院、人民法院要依法快侦、快捕、快诉、快审、快判，坚决遏制电信网络诈骗犯罪发展蔓延势头"。2016年12月19日，最高人民法院、最高人民检察院、公安部《关于办理电信网络诈骗等刑事案件适用法律若干问题的意见》（以下简称《电信网络诈骗司法解释》）就依法严惩电信网络诈骗犯罪作出专门解释，为司法机关准确把握电信网络诈骗犯罪的定罪与量刑提供了依据。应当看到，为了逃避侦查，电信网络诈骗犯罪中的取款、转移赃款等行为往往由犯罪行为实施地以外的多个地方的专门性的取款人完成，这是该类犯罪与其他诈骗类犯罪的最大不同，由此引申的帮助取款行为的罪名判定也成为该类犯罪司法实践的重点问题。① 虽然《电信网络诈骗司法解释》对此作了规定，但司法实践关于这一问题仍存在较大争议，因而需要进行专门研究。

一、电信网络诈骗犯罪中帮助取款行为罪名判定的难点

司法实践中，关于电信网络犯罪中帮助取款行为的罪名认定

---

① 如果帮助取款人与电信网络诈骗犯罪行为人存在通谋，以诈骗罪共同犯罪论处并无疑义，因此，本专题仅限于讨论帮助取款人与电信网络诈骗犯罪行为人并不存在通谋的情形，即单纯的帮助取款行为。

这一问题，争议主要集中在诈骗罪和掩饰、隐瞒犯罪所得罪二者之间。从对司法判例的梳理情况来看，辩护人、被告人一方较多认为构成掩饰、隐瞒犯罪，归纳起来，其理由主要有三种：一是被告人主观上不清楚所取款项是诈骗得来（仅知道所取的钱来源不合法，但不知道所取的钱是何种性质），其事先亦未与电信网络诈骗犯罪分子进行共谋，只为赚取少量佣金，帮助取款的行为不符合诈骗罪共犯主观要件。客观上也未参与实施任何电信网络诈骗的行为。二是被告人帮助取款时诈骗犯罪已经结束，成立既遂，被告人仅是在他人诈骗行为完成后，实施帮助转移赃款的行为。被告人的事后帮助取款行为不构成诈骗共犯。三是认为按照诈骗罪共犯论处量刑过重，应按掩饰、隐瞒犯罪所得罪从轻处罚。与辩护人、被告人一方相反，司法机关则倾向将帮助取款行为认定为诈骗罪。归纳起来，司法机关认定为诈骗罪而不是掩饰、隐瞒犯罪所得罪的理由主要包括两点：一是将帮助取款行为认定为司法解释关于诈骗罪共犯的特别规定；二是认为尽管帮助取款人与其他环节的同案人互不谋面，互不打听，但各部分行为共同组成了整个电信网络诈骗犯罪的利益链条，环环相扣，形成了较为稳固的组织结构。将帮助取款行为视为电信网络诈骗犯罪团伙实施诈骗犯罪的重要环节和必不可少的组成部分，进而将帮助取款行为认定为诈骗罪共犯。

值得注意的是，在《电信网络诈骗司法解释》颁布之前，司法机关往往援引2011年4月8日最高人民法院、最高人民检察院《关于办理诈骗刑事案件具体应用法律若干问题的解释》（以下简称《诈骗案件解释》）第7条规定，对电信网络诈骗中的帮助取款行为作出认定。根据《诈骗案件解释》第7条规定，明知他人实施诈骗犯罪,为其提供信用卡、手机卡、通讯工具、通讯传输通道、网络技术支持、费用结算等帮助的,以共同犯罪论处。因此,在认定被告人明知所取款项系诈骗犯罪所得的情况下,直接将帮助取款行为认定为提供费用结算的帮助行为,从而以诈骗罪的共犯论处。《电信网络诈骗司法解释》对此作了进一步细化明确。根据《电信网络诈骗司法解释》第3条第5款规定,明知是电信网络诈骗犯罪所得及其产生的收益而予以转账、套现、取现,应以掩饰、隐瞒犯罪所得、犯罪所得收益罪追究刑事责任的具体行为方式有五种:一是通过使用销售点终端机具(POS机)刷卡套现等非法途径,协助转换或者转移财物的;二是帮助他人将巨额现金散存于多个银行账户,或在不同银行账户之间频繁划转的;三是多次使用或者使用多个非本人身份证明开设的信用卡、资金支付结算账户或者多次采用遮蔽摄像头、伪装等异常手段,帮助他人转账、套现、取现的;四是为他人提供非本人身份证明开设的信用卡、资金支付结算账户后,又帮助他人转账、套现、取现的;五是以明显异于市场的价格,通过手机充值、交易游戏点卡等方式套现的。根据《电信网络诈骗司法解释》第4条第3款规定,明知他人实施电信网络诈骗犯罪,提供的帮助取款行为应以共同犯罪论处的情形主要有两种:一是提供信用卡、资金支付结算账户、手机卡、通讯工具的;二是帮助转移诈骗犯罪所得及其产生的收益,套现、取现的。应当看到,《电信网络诈骗司法解释》关于帮助取款行为诈骗罪和掩饰、隐瞒犯罪所得、犯罪所得收益罪的区分,大体上是明确的。但是该司法解释仍然存在一些问题。

第一,尽管第3条第5款"明知是电信网络诈骗犯罪所得及其产生的收益"和第 4 条第 3 款"明知他人实施电信网络诈骗犯罪"这两种表述存在字面上的区别,但在实践中几乎无法准确划分。这是因为,相较于事先与诈骗犯罪分子存在共谋、共处于电信网络诈骗集团分工体系下的典型的帮助行为,这些专门的取款人的帮助取款行为存在较大的特殊性,比如,该类取款人与电信网络诈骗行为人分处不同地区,相互之间并不认识,该类取款人对于所取款项之性质主观上仅存在明知或概括性的认识,其与电信网络诈骗行为人主观上不存在明确的犯意联络;又如,该类取款人的取款行为往往发生于电信网络诈骗行为实施之后,与构成要件意义上的电信网络诈骗实行行为之间的关联性较弱;再如,该类取款人获利之方式均为按取款数额一定比例或按取款笔数收取固定报酬,与直接参与分赃存在较大不同。上述这些帮助取款行为的特殊性,使得对于帮助取款人主观明知的内容是"电信网络诈骗犯罪所得及其产生的收益"还是"他人实施电信网络诈骗犯罪",往往难以辨识。

第二,第 4 条第 3 款中的"提供信用卡"是指提供本人的信用卡,还是包括提供非本人身份证明开设的信用卡,并未明确。根据司法解释的精神,应认定为掩饰、隐瞒犯罪所得、犯罪所得收益罪的使用,或提供信用卡行为所涉信用卡是非本人身份证明开设的信用卡,而以共同犯罪论处的提供信用卡所涉信用卡似乎是本人的信用卡。但是,仅仅以信用卡是否以本人身份证明开设就对帮助取款行为作出不同的罪名判定,存在"一刀切"的倾向。实际上,提供本人的信用卡后帮助取款的,完全可能构成掩饰、隐瞒犯罪所得、犯罪所得收益罪,而提供非本人身份证明开设的信用卡,也完全可能构成诈骗罪共同犯罪,对此应结合电信网络诈骗犯罪既未遂、所提供的信用卡对犯罪实行行为的实质作用等因素做进一步的论证分析。

二、电信网络诈骗犯罪帮助取款行为罪名判定的要点

笔者认为，在对电信网络诈骗犯罪帮助取款行为罪名判定之前，首先应梳理分析帮助取款行为罪名判定中需要明确的三个要点：

（一）帮助取款人明知的认定

根据《电信网络诈骗司法解释》第 4 条第 3 款规定，"明知他人实施电信网络诈骗犯罪"，应当结合被告人的认知能力，既往经历，行为次数和手段，与他人关系，获利情况，是否曾因电信网络诈骗受过处罚，是否故意规避调查等主客观因素进行综合分析认定。笔者认为，虽然《电信网络诈骗司法解释》并未就第 3 条第 5 款 "明知是电信网络诈骗犯罪所得及其产生的收益" 作出明确，但根据体系解释的原理，第 3 条第 5 款中的 "明知" 也应参照第 4 条第 3 款予以理解和把握，此其一。其二，对于帮助取款人这种主观明知的认定，除根据被告人口供、电信网络诈骗犯罪行为人供述并结合犯罪客观情形以外，还应通过取款行为本身的特殊性予以推定。在《电信网络诈骗司法解释》明确的主客观因素之外，笔者认为，还可结合取款账户、取款方式、取款后行为表现等方面予以认定。比如，在取款账户上，取款人往往持多张不同户名的银行卡取款；从取款行为方式来看，一般是在某一特定时间段持有银行卡至多个 ATM 机快速取款，直到取完卡内金额为止；在取款后的行为上，取款之后立即转账至指定账户或

交由特定的人，且将之前已经取款的银行卡扔弃；等等。

（二）帮助取款行为的参与时点

从帮助取款这一行为的实际特征来看，其应属于学理上的帮助犯。由此需要考虑的问题是，帮助犯的成立范围是什么？比如，当正犯已经达到犯罪既遂，行为人此时才参与的行为令犯罪结果加速实现，是否成立帮助犯？显然，这是与帮助取款行为司法认定关联性很大的一个问题。该问题涉及帮助犯成立的时点问题。对此，学界存在两种观点。第一种观点认为，帮助犯之成立时点在于法益是否受到终局性的侵害，在法益尚未实质性、终局性受到损害时，即便犯罪构成要件意义上的行为已经完成，犯罪结果已经出现，也可以成立帮助犯。第二种观点则认为，帮助犯成立的时点是构成要件该当的过程仍在继续进行、构成要件结果最终出现之前。[①] 由于构成要件结果之出现并不一定导致法益的实质性侵害，因而分别以构成要件结果和法益实质性侵害为基点作出的帮助犯成立时点的两种判断在结论上会存在差异。笔者认为，一方面，帮助犯只能是针对他人犯罪构成要件所规定的行为予以帮助，尽管帮助构成要件所规定的行为也会指向法益侵害，但是帮助行为对于法益的侵害必须通过正犯行为得以体现，通过促进正犯行为而侵害法益，并非在正犯实行行为完成之后加速对法益的侵害。从而避免任何对犯罪提供帮助的行为都有可能成立帮助犯这一情形。这在侵犯财产犯罪与赃款赃物犯罪中体现尤为明显。侵犯财产犯罪后的赃款赃物处理行为，尽管发生于终局性

---

① 黄惠婷：《帮助犯之参与时点》，载《台湾法学杂志》2009年第3期。

的法益侵害之前，但其行为本身系提供构成要件以外且不具有犯罪支配意义的帮助，应当单独予以刑法评价。否则，将模糊侵犯财产罪与掩饰、隐瞒犯罪所得罪之间的界限，从而导致不合理的刑罚。另一方面，帮助行为要与正犯的实行行为以及犯罪既遂结果二者均有所关联，才能成立。"帮助行为不仅必须要促成'主行为的实行'，而且也必须和主行为的'既遂结果'有一定的关联，才能够成立既遂的帮助犯。"① 实际上，帮助犯的成立仅考虑与实行行为和既遂结果的关联性即可，而不需要进一步判断其与终局性的法益侵害之关系。因此，帮助犯成立的时点是构成要件该当的过程仍在继续进行，犯罪实行行为实施完毕、构成要件结果最终出现（犯罪既遂）之前。

（三）电信网络诈骗犯罪的实行行为及其终点

笔者认为，诈骗犯罪最为核心的实际上是虚构事实、隐瞒真相的诈骗行为和基于诈骗行为的取财行为，以及为诈骗行为和取财行为提供实质性帮助的行为。尽管我国刑法没有明文规定诈骗罪发生财产损失的结果，但是，"既然诈骗罪是财产罪，就应当要求财产损失（未遂时要求财产损失的危险性，既遂则要求现实的财产损失）……犯罪的本质是法益侵害，诈骗罪也不例外，如果欺骗行为不可能造成被害人的财产损失，就不成立诈骗罪；如果欺骗行为足以造成被害人的财产损失，但还没有造成现实的财

---

① 蔡圣伟：《论帮助行为之因果关系》，载《政大法学评论》2013年第9期。

产损失，就只能认定为诈骗未遂"。① 从这个层面而言，财产损失不仅是诈骗罪的构成要件，也是判断诈骗罪既遂的一个标准。因此，诈骗罪的实行行为，就是虚构事实、隐瞒真相的行为和取财行为的结合，诈骗罪实行行为实施完结的终点在于被害人的财产损失。

结合电信网络诈骗犯罪而言，其实行行为包括了拨打电话、编造短信、虚构身份，以及为了达到上述目的而实施的利用网络、购买手机、固定电话等通讯媒介的行为，也包括了收取被害人钱款等行为。那么，电信网络诈骗犯罪中的财产损失如何判断？这里涉及对于电信网络诈骗犯罪行为实施完毕即犯罪既遂时点的判断问题。笔者认为，电信网络诈骗犯罪既遂的标准应以犯罪行为人是否控制财物为准，即"控制说"。理由有：

第一，"控制说"体现了对于电信网络诈骗犯罪从严惩处的立场，与《关于防范和打击电信网络诈骗犯罪的通告》和《电信网络诈骗司法解释》体现的我国从严惩处电信网络诈骗的刑事司法政策相符合，且更为有利于保护被害人的利益。

第二，就电信网络诈骗犯罪而言，由于被害人将钱款汇入犯罪行为人指定的账户之后，犯罪行为人往往在极短的时间内将被害人的钱款划至多个分散的账户，且几乎瞬间就被取款完毕，被害人无法通过挂失等手段避免损失，因而即便考虑到被害人事后发觉并及时报案通过警方冻结电信网络诈骗一方账户（与抢劫、抢夺等当场发觉不一样，电信网络诈骗犯罪被害人往往难以当场

---

① 张明楷：《诈骗罪与金融诈骗罪研究》，清华大学出版社2006年版，第205～206页。

发觉),在时间上也无法与电信网络诈骗行为人的取款行为同步。可以说,在电信网络诈骗犯罪中,被害人对于财物的"失控"与犯罪行为人对财物的"控制"具有高度同步性甚至重合性,因而"失控说"与"控制说"差别并不大。

第三,"控制说"考虑到了电信网络诈骗犯罪行为的特点,符合实际情况。针对信用卡、有价证券、支付凭证等实施的盗窃、抢劫行为,我国相关司法解释和司法判例在考虑是否记名、可否挂失以及行为人是否知道信用卡密码等实际情况的基础上,对数额认定作了不同的区分。比如,盗窃、抢劫信用卡的行为,虽然被害人信用卡被盗、被抢,但是被害人完全可以通过银行"挂失"的方法将卡内资金冻结,从而避免卡内资金的损失。因而对于盗窃信用卡、抢劫信用卡的行为,一般以行为人实际使用、消费的数额认定犯罪数额。相关指导案例的裁判要旨则指出,"但如果被告人明知卡内数额,且知道密码,被告人继续持有信用卡,就可以推定被告人具有非法占有的目的,卡内数额应纳入抢劫数额"。① 又如,盗窃支付凭证、有价证券、有价票证的,对于记名、可挂失和无记名、无法挂失的情形,在数额认定上也作了相应的区分。② 我国司法解释和相关判例所作的该种区分背后隐含的旨趣在于:在侵财行为涉及银行卡、有价证券、支付凭证等对象时,应具体地、实质性地把握行为对财产的控制、使用情况及其程度,从而作出科学化、合理化、精确化的司法

---

① 陈兴良、张军、胡云腾主编:《人民法院刑事指导案例裁判要旨通纂》(下卷),北京大学出版社2012年版,第609页。
② 参见2013年4月4日最高人民法院、最高人民检察院《关于办理盗窃刑事案件适用法律若干问题的解释》第5条规定。

判定。

　　电信网络诈骗犯罪中,涉及的银行卡本来就为电信网络诈骗犯罪分子所控制,电信网络诈骗犯罪涉及的银行卡中的数额是事先通过诈骗的手段获得的,且可以由电信网络诈骗犯罪行为人随时支取,完全可以认定电信网络诈骗行为人对银行卡内数额主观上具有非法占有的目的,客观上具有非法占有的行为。因此,被害人将钱款汇至电信网络诈骗犯罪团伙所持的银行卡账户时,电信网络诈骗犯罪行为人即获得了对诈骗钱款的控制权,被害人也不可能通过挂失、补办非自己名下、非自己控制的银行卡之方式避免损失。被害人将钱款汇至电信网络诈骗犯罪行为人的银行账户,财产损失就已经发生,犯罪行为系实施完毕。

　　由上可知,电信网络诈骗犯罪行为实施完毕,即犯罪既遂的节点在于行为人控制了被害人的钱款(被害人将钱款汇至行为人控制的账户)。这一节点既是电信网络诈骗犯罪实行行为和非实行行为的界分标准,也是帮助取款行为在可能成立帮助犯情形下的参与时点。显然,电信网络诈骗犯罪实行行为实施完毕(财产损失的结果出现)之后所实施的一系列辅助性行为,除非事先存在共谋,否则均不属于诈骗罪实行行为的范畴,不宜认定为诈骗犯罪的共同行为。

三、帮助取款行为罪名判定的基本思路

　　通过上述对帮助取款人罪名判定要点的分析可知,电信网络诈骗犯罪行为人控制被害人的钱款(被害人将钱款汇至行为人控制的账户),是电信网络诈骗犯罪行为实施完毕即犯罪既遂的标志,这一节点直接决定电信网络诈骗犯罪实行行为和非实行行为

的界分,也是帮助取款行为在可能成立帮助犯情形下的最后参与时点。这为电信网络诈骗犯罪中帮助取款行为的罪名认定提供了极其重要的切入点和参照标准。由此出发,帮助取款行为的罪名判定逻辑思路应当分为两步:第一,判断帮助取款行为是否为电信网络诈骗犯罪的实行行为。如果帮助取款人的帮助取款行为是电信网络诈骗犯罪的实行行为,那么帮助取款行为就是电信网络诈骗犯罪行为,当然应以电信网络诈骗共同犯罪论处。第二,如果帮助取款行为不是电信网络诈骗犯罪的实行行为(帮助行为),则要进一步判断,是在电信网络诈骗犯罪行为人控制被害人的钱款(被害人将钱款汇至行为人控制的账户)之前实施,还是在电信网络诈骗犯罪行为人控制被害人的钱款(被害人将钱款汇至行为人控制的账户)之后实施。前者系电信网络诈骗犯罪实行行为实施完毕即犯罪既遂之前的帮助行为,具有成立共同犯罪(帮助犯)的可能性;后者系电信网络诈骗犯罪实行行为实施完毕即犯罪既遂之后的帮助行为,属于提供构成要件以外且不具有犯罪支配意义的帮助,不具有成立共同犯罪(帮助犯)的可能性。显然,这里还涉及一个对帮助取款人帮助取款行为的认识与把握问题。司法实践中,尽管帮助取款行为具体形式各异,但电信网络诈骗犯罪中帮助取款人的帮助取款行为基本可以划分为两种类型,笔者认为,应当遵循帮助取款行为的实际样态,并在类型化的基础上展开分析:

(一)持自己提供的银行卡帮助取款

该种行为模式下,帮助取款人向电信网络诈骗犯罪团伙提供银行卡、信用卡,或者在电信网络诈骗犯罪团伙的指示下办理银行卡、信用卡供电信网络诈骗犯罪分子骗取钱款所用,电信网络诈骗行为实施后，被害人将钱款直接汇入帮助取款人事先办理、准备的银行卡内，然后帮助取款人持该银行卡去柜台、ATM 等帮助取款。显然，此时帮助取款人的行为由两部分组成，一是向电信网络诈骗犯罪团伙提供银行卡；二是持有该银行卡帮助取款。这种情形下，帮助取款人按照电信网络诈骗犯罪团伙的指示办理或提供银行卡供其诈骗所用，主观上与电信网络诈骗犯罪分子形成了犯意联络，客观上其向电信网络诈骗犯罪分子提供银行卡的行为发生于电信网络诈骗犯罪行为人控制被害人的钱款（被害人将钱款汇至行为人控制的账户）之前，从事后来看，正是其事先准备、持有的银行卡接收了被害人的钱款。此时虽名为帮助取款行为，实则系提供工具（账户）、收取（保管）赃款与取款行为的结合，且提供工具（账户）和收取（保管）赃款均发生于电信网络诈骗犯罪实行行为实施完毕和既遂之前，对于诈骗实行行为具有积极的、直接的和实质性的作用，成为电信网络诈骗实行行为的一部分，完全符合共同犯罪的基本原理，应当按照诈骗罪共同犯罪论处。

（二）持电信网络诈骗犯罪团伙提供的银行卡帮助取款

此时需要进一步考虑帮助取款人持有银行卡的时间节点：如果电信网络诈骗犯罪行为人在控制被害人的钱款（被害人将钱款汇至行为人控制的账户）之前，事先将用于存储被害人钱款的银行卡交由帮助取款人，待电信犯罪得逞后帮助取款人接指令持上述银行卡取款的，由于帮助取款人持有银行卡的行为发生于电信网络诈骗犯罪行为实施之前或实施过程中，在时间节点上处于电信网络诈骗犯罪实行行为实施完毕即犯罪既遂之前，且其直接参与（承担）了收取被害人款项这一行为，实际上是收取（保管）

赃款与取款行为的结合，其中，持银行卡收取（保管）被害人钱款的行为无疑是电信网络诈骗犯罪行为的组成部分，应视为电信网络诈骗实行行为，进而以诈骗罪共同犯罪论处。如果帮助取款人帮助取款时所持的银行卡系电信网络诈骗犯罪分子实施电信网络诈骗行为之后交付，换言之，帮助取款人取款时持有银行卡的时间节点发生于电信网络诈骗犯罪行为人控制被害人的钱款（被害人将钱款汇至行为人控制的账户）之后，此时帮助取款人持有银行卡取款的行为，既非电信网络诈骗犯罪的实行行为，又不符合帮助犯成立的时点，本质上是电信网络诈骗犯罪实行行为实施完毕、犯罪既遂之后的赃物处理行为，应当以掩饰、隐瞒犯罪所得罪论处。

法律链接

1.《中华人民共和国刑法》第 266 条、第 312 条

2. 最高人民法院、最高人民检察院、公安部《关于办理电信网络诈骗等刑事案件适用法律若干问题的意见》第 3 条第 5 款、第 4 条第 3 款

3. 最高人民法院、最高人民检察院《关于办理诈骗刑事案件具体应用法律若干问题的解释》第 7 条

4. 最高人民法院、最高人民检察院、公安部等《关于防范和打击电信网络诈骗犯罪的通告》

专题十 破坏计算机信息系统罪司法适用

```
                            ┌── 应做不同的前提性设置
         "后果严重"的理解与把握 ──┤
                            └── 应兼顾量的规定性与质的规定性

破坏计算机     ── 计算机信息系统数据的规范解释 ── 核心数据和核心应用程序
信息系统罪
司法适用
              ── 利用计算机实施犯罪的司法认定
```

近年来，随着计算机信息技术的不断发展，针对计算机信息系统或者利用计算机信息系统从事犯罪活动呈上升趋势，也使得以往适用较少的破坏计算机信息系统罪获得了更为广阔的适用空间。据通过"中国裁判文书网"不完全统计，2013年至2016年全国法院破坏计算机信息系统罪司法判例分别为14件、58件、61件、68件，而2017年、2018年和2019年分别增至176件、222件和182件。从搜集到的判例来看，借助于降低"后果严重"的标准，以及对计算机信息系统功能和计算机信息系统中存储、处理或者传输的数据予以扩大解释，破坏计算机信息系统罪在司法实践中获得了极强的解释力和适用力，具有成为信息网络时代新生"口袋罪"的倾向。这类犯罪在司法实践中的争议点也主要集中于对本罪构成要件中"后果严重"和"计算机信息系统数据"的不同理解。有必要对此予以专门分析，从而让破坏计算机信息系统罪回归规范含义，实现刑事司法调整的精确性。

一、破坏计算机信息系统罪"后果严重"的规范解释

根据《刑法》第286条规定，破坏计算机信息系统罪的行为方式有3款（第4款是关于单位犯罪的规定），分别为对计算机信息系统功能进行删除、修改、增加、干扰，造成计算机信息系统不能正常运行，后果严重的；对计算机信息系统中存储、处理或者传输的数据和应用程序进行删除、修改、增加的操作，后果严重的；故意制作、传播计算机病毒等破坏性程序，影响计算机系统正常运行，后果严重的。从犯罪对象上来说，三种行为方式分别针对的是计算机信息系统功能，计算机信息系统中存储、处理或者传输的数据和应用程序以及计算机系统。显然，"后果

严重"是三种行为方式入罪的必要条件。因此，对于"后果严重"的把握就成为破坏计算机信息系统罪的核心问题。司法实践有一种倾向是，将无明显后果、仅有潜在后果、后果无法量化或者后果与计算机信息系统安全关联性不高等情形界定为破坏计算机信息系统罪中的"后果严重"。应当看到，2011年8月1日最高人民法院、最高人民检察院《关于办理危害计算机信息系统安全刑事案件应用法律若干问题的解释》（以下简称《解释》）将"违法所得五千元以上或者造成经济损失一万元以上的"认定为破坏计算机信息系统罪"后果严重"的标准之一，① 尽管强调了"后果严重"的可量化，但也进一步弱化了"后果"与计算机信息系统安全的关联性，使得仅仅通过计算机非法获利或者造成

---

① 《解释》第4条规定，"破坏计算机信息系统功能、数据或者应用程序，具有下列情形之一的，应当认定为刑法第二百八十六条第一款和第二款规定的'后果严重'：（一）造成十台以上计算机信息系统的主要软件或者硬件不能正常运行的；（二）对二十台以上计算机信息系统中存储、处理或者传输的数据进行删除、修改、增加操作的；（三）违法所得五千元以上或者造成经济损失一万元以上的；（四）造成为一百台以上计算机信息系统提供域名解析、身份认证、计费等基础服务或者为一万以上用户提供服务的计算机信息系统不能正常运行累计一小时以上的；（五）造成其他严重后果的"。《解释》第6条规定，"故意制作、传播计算机病毒等破坏性程序，影响计算机系统正常运行，具有下列情形之一的，应当认定为刑法第二百八十六条第三款规定的'后果严重'：（一）制作、提供、传输第五条第（一）项规定的程序，导致该程序通过网络、存储介质、文件等媒介传播的；（二）造成二十台以上计算机系统被植入第五条第（二）、（三）项规定的程序的；（三）提供计算机病毒等破坏性程序十人次以上的；（四）违法所得五千元以上或者造成经济损失一万元以上的；（五）造成其他严重后果的"。

他人经济损失而未影响计算机信息系统安全的行为极易被纳入破坏计算机信息系统罪之范围。从这个角度来说，《解释》极有可能进一步扩张破坏计算机信息系统罪的适用范围。对破坏计算机信息系统罪"后果严重"的理解与把握，笔者认为可以从两个方面展开：

（一）对三种行为方式中的"后果严重"应做不同的前提性设置

破坏计算机信息系统罪的三种行为方式分别针对的是计算机信息系统功能、计算机信息系统中存储、处理或者传输的数据和应用程序以及计算机系统。第一种行为和第三种行为"后果严重"之前分别有"造成计算机信息系统不能正常运行"和"影响计算机系统正常运行"之表述，可以得出该两种行为方式中的"后果严重"之含义必须包含对计算机信息系统本身的影响。但是，这一解释对于"后果严重"之前并无"造成计算机信息系统不能正常运行"或"影响计算机系统正常运行"之限制的第二种行为方式，即"对计算机信息系统中存储、处理或者传输的数据和应用程序进行删除、修改、增加的操作"，是否同样适用，便成疑问。对此，学界存在两种截然不同的观点，一种观点认为，第二种行为方式中"后果严重"的认定标准，与第一种、第三种行为方式中"后果严重"的认定标准相同。比如，有学者认为，这里的后果严重，是指对国家重要的计算机信息系统功能、数据和应用程序进行破坏，严重破坏计算机信息系统的运行，造成重大经济损失，或者影响重要计算机信息系统正常运行，使正常的工作秩序遭到严重破坏等，即因计算机系统不能正常运行而造成了各种各样的严重后果。① 另一种观点则认为，第二种行为方式中的"后果严重"应做与第一种、第三种行为方式中"后果严重"不同的解释。第二种行为方式中的"后果严重"是指"使用户重要的计算机数据和资料遭到不可恢复的严重破坏，影响正常的工作和生活，因数据和应用程序被破坏而造成重大经济损失等"，不包括对计算机信息系统和计算机系统的影响。②

笔者认为，《刑法》第286条对于破坏计算机信息系统罪的三种行为方式作出了不同的文字表述，并非立法上的笔误。因此，应当承认的是，《刑法》第286条中规定的三种行为方式在构成"后果严重"理解上并不完全一致。这也得到了司法解释立场的印证。③ 据此，尽管《解释》对破坏计算机信息系统"后果

---

① 陈兴良：《规范刑法学》（下册）（第二版），中国人民大学出版社2008年版，第814页；曲新久：《刑法学》（第三版），中国政法大学出版社2012年版，第490页。相同的观点还可参见郭立新、黄明儒主编：《刑法分则典型疑难问题适用与指导》，中国法制出版社2012年版，第411页；周道鸾、张军主编：《刑法罪名精释》（下）（第四版），人民法院出版社2013年版，第713页。

② 邢永杰：《破坏计算机信息系统罪疑难问题探析》，载《社会科学家》2010年第7期。

③ 最高人民法院有关人员在解读《解释》时明确指出，根据《刑法》第286条第1款、第2款的规定，破坏计算机信息系统功能和破坏计算机信息系统数据、应用程序行为的入罪要件并不相同，前者要求"造成计算机信息系统不能正常运行"，而后者不需要这一要件。因此，在司法实践中，需要依据刑法和《解释》的规定，根据具体案件情况进行分析判断，确保定罪量刑的准确。参见喻海松：《〈关于办理危害计算机信息系统安全刑事案件应用法律若干问题的解释〉的理解与适用》，载《人民司法》2011年第19期。

严重"作了分类解释,第 4 条对《刑法》第 286 条第 1 款和第 2 款规定的"后果严重"一并解释,而第 6 条将《刑法》第 3 款规定的"后果严重"单独解释,由此似乎造成了司法解释和刑法规定之间不协调的表象。但是,在界定第 1 款和第 3 款行为"后果严重"时,仍应同时满足"造成计算机信息系统不能正常运行"或"影响计算机系统正常运行"这一前置性条件;而在界定第 2 款行为"后果严重"时,不需要同时满足"造成计算机信息系统不能正常运行"这一条件。

(二)对于"后果严重"的界定应兼顾量的规定性与质的规定性

《解释》第 4 条和第 6 条分别对破坏计算机信息系统罪第 1 款、第 2 款中的"后果严重"和第 3 款中的"后果严重"作了规定。根据《解释》第 4 条和第 6 条规定,"后果严重"主要从计算机信息系统台数、违法所得、造成的经济损失、计算机信息系统不能正常运行累计时间等量的规定性方面予以界定,但是并未从质的规定性方面对"后果严重"进行解释。笔者认为,无论是将本罪客体解释为计算机信息系统安全,还是国家对计算机信息系统的安全运行管理制度和计算机信息系统的所有人与合法用户的合法权益,其首要的、主要的犯罪客体为计算机信息系统安全,因此,对于破坏计算机信息系统犯罪行为边界的划定,首先应当在犯罪客体的指引下完成,这便是从质的规定性方面对本罪"后果严重"的理解。考虑到该罪名在司法判例中的扩张,本罪与其他财产性犯罪的交织性,计算机信息系统中存储、处理或者传输的数据和应用程序的多样性,删除、修改、增加的操作所引起的后果各异等情形,总体上应遵循对破坏计算机信息系统罪中

"后果严重"从严把握的思路。具体而言,有必要对《刑法》第286条中的"后果严重",尤其是第2款中的"后果严重"情形进一步限定:一是后果必须与计算机信息系统具有关联性。尽管第2款中的"后果严重"不需要"造成计算机信息系统不能正常运行"或"影响计算机系统正常运行",但是至少要影响到计算机信息系统安全。二是据以判断"后果严重"的违法所得必须是基于删除、增加、修改等行为本身所产生的违法所得,而并非通过删除、增加、修改等行为将他人的财物转为自己所有。三是据以判断"后果严重"的造成的经济损失仅指该类行为给用户直接造成的经济损失,以及用户为恢复数据、功能而支出的必要费用。经济损失与破坏计算机信息系统行为具有直接因果关系。实施犯罪时尚未实际产生,将来有可能产生的利益损失,以及可通过数据恢复并采取必要措施避免的损失,不宜认定为该类犯罪所造成的经济损失。

值得注意的是,笔者主张的对破坏计算机信息系统罪"后果严重"从严把握的思路,即将《刑法》第286条中的"后果严重"解释为必须与计算机信息系统具有关联的"后果严重",也得到了最高人民法院指导性案例的支持。即2020年12月31日最高人民法院第26批(4个)指导性案例之一,张竣杰等非法控制计算机信息系统案(指导案例145号)。该案基本案情为:自2017年7月开始,被告人张竣杰、彭玲珑、祝东、姜宇豪经事先共谋,为赚取赌博网站广告费用,在马来西亚吉隆坡市租住的Trillion公寓B幢902室内,相互配合,对存在防护漏洞的目标服务器进行检索、筛查后,向目标服务器植入木马程序(后门程序)进行控制,再使用"菜刀"等软件链接该木马程序,获取目标服务器后台浏览、增加、删除、修改等操作权限，将添加了赌博关键字并设置自动跳转功能的静态网页，上传至目标服务器，提高赌博网站广告被搜索引擎命中几率。截至 2017 年 9 月底，被告人张竣杰、彭玲珑、祝东、姜宇豪链接被植入木马程序的目标服务器共计 113 台，其中部分网站服务器还被植入了含有赌博关键词的广告网页。后公安机关将被告人张竣杰、彭玲珑、祝东、姜宇豪抓获到案。检察机关以破坏计算机信息系统罪对四人提起公诉。被告人张竣杰、彭玲珑、祝东、姜宇豪及其辩护人在庭审中均对指控的主要事实予以承认；被告人张竣杰、彭玲珑、祝东及其辩护人提出，各被告人的行为仅是对目标服务器的侵入或非法控制，非破坏，应定性为非法侵入计算机信息系统罪或非法控制计算机信息系统罪，不构成破坏计算机信息系统罪。一审、二审法院最终均认定被告人的行为构成非法控制计算机信息系统罪。法院在裁判理由中指出："被告人张竣杰、彭玲珑、祝东、姜宇豪虽对目标服务器的数据实施了修改、增加的侵犯行为，但未造成该信息系统功能实质性的破坏，或不能正常运行，也未对该信息系统内有价值的数据进行增加、删改，其行为不属于破坏计算机信息系统犯罪中的对计算机信息系统中存储、处理或者传输的数据进行删除、修改、增加的行为，应认定为非法控制计算机信息系统罪。"在最高人民法院发布的裁判要点中则进一步强调："通过修改、增加计算机信息系统数据，对该计算机信息系统实施非法控制，但未造成系统功能实质性破坏或者不能正常运行的，不应当认定为破坏计算机信息系统罪。"①

---

① 《最高人民法院发布第 26 批指导性案例》，载《人民法院报》2021 年 1 月 13 日第 2 版。

由此印证了笔者的观点。

二、计算机信息系统数据的规范解释

计算机信息系统数据,是准确理解破坏计算机信息系统罪构成要件的又一核心问题。关于这一问题,司法实践中的一种倾向是,对计算机信息系统功能和计算机信息系统中存储、处理或者传输的数据予以扩大解释,将计算机信息系统中的任何数据等同于该罪中的计算机信息系统或作为该罪犯罪对象的数据,并进而将对计算机信息系统数据所作的任何修改、删除、新增等行为都解释为破坏计算机信息系统罪中的"破坏行为"。由此导致破坏计算机信息系统罪呈现口袋化趋势。

根据《解释》第11条规定,"计算机信息系统"和"计算机系统",是指具备自动处理数据功能的系统,包括计算机、网络设备、通信设备、自动化控制设备等。其是一个整体性概念,并非等于计算机信息系统数据。对于计算机信息系统数据的性质,有人认为,《刑法》第286条第1款针对的对象是"计算机信息系统功能",具体而言,主要是对计算机的系统文件进行非法操作,使系统紊乱、丧失部分或全部运行功能,甚至崩溃。第2款中的对象为"计算机信息系统中存储、处理或者传输的数据和应用程序",具体而言,主要是对数据和应用程序(不包括系统文件和系统程序)进行非法操作,使相应的数据或程序丢失、更改、损坏。[①] 笔者认

---

① 吕梅青、朱宏伟:《童莉、蔡少英破坏计算机信息系统案》,载最高人民法院刑事审判第一庭等主编:《刑事审判参考》(2012年第3集),法律出版社2013年版,第74页。

为,将《刑法》第286条第2款犯罪对象,即计算机信息系统中存储、处理或者传输的数据和应用程序界定为非系统文件和系统程序,并不妥当。对于第2款中计算机信息系统数据和应用程序的解释,还是应当回归本罪犯罪客体,即计算机信息系统安全。应当看到,计算机信息系统中的数据始终处于流动状态,因为任何一个操作行为,例如,运行一个文件,打开或者关闭一个程序、文档,其操作记录都会在后台体现。

因此,任何在计算机上的操作,都会对计算机信息系统数据产生影响。同样的,计算机信息系统中存储、处理或者传输的数据和应用程序也多种多样,关键是要区分该种影响的性质。对于《刑法》第286条第2款中计算机信息系统数据和应用程序,不能从形式上以系统文件、系统程序和非系统文件、非系统程序加以区分,而应从更为实质的角度,从该文件、程序对计算机信息系统安全的影响程度加以甄别,无论是系统文件、系统程序还是非系统文件、非系统程序,只要是对计算机信息系统安全有影响的,都可以认为是《刑法》第286条第2款中的数据和应用程序。在此,笔者认为应区分核心数据、应用程序和非核心数据、应用程序,前者系直接关系到计算机信息系统能否正常运行、关系到计算机信息系统安全的数据和应用程序,包括但不限于系统文件和系统程序;后者系计算机信息系统中无关计算机信息系统正常运行和计算机信息系统安全的数据和应用程序,如文档、照片、自行安装的各类软件等。破坏计算机信息系统罪中涉及的数据和应用程序,必须是核心数据和核心应用程序,唯此,才能为破坏计算机信息系统罪划定合理边界,实现刑事处罚的准确性。

三、利用计算机实施犯罪的司法认定

我国刑法就利用计算机实施犯罪作了提示性规定。根据《刑法》第287条规定,利用计算机实施金融诈骗、盗窃、贪污、挪用公款、窃取国家秘密或者其他犯罪的,依照本法有关规定定罪处罚。据此,有学者认为,对利用计算机病毒等破坏性程序非法占有他人财物的或者实施其他犯罪的,应当依照刑法的有关规定定罪处罚。例如,利用计算机病毒盗窃财物的,应认定为盗窃罪。① 有人进一步指出,根据《刑法》第287条规定,凡是以计算机为工具所实施的犯罪,均应当以行为人所实施的危害行为所符合的具体犯罪来定罪量刑,构成什么罪,就以什么犯罪来追究刑事责任。② 应当看到,利用计算机实施金融诈骗、盗窃、贪污、挪用公款、窃取国家秘密或者其他犯罪,往往也需要对计算机信息系统中存储的数据和应用程序进行删除、增加和修改,这种情况下,是否意味着只要是利用计算机实施的其他犯罪,就一概排除破坏计算机信息系统罪的适用空间?对此,有人认为,行为人利用计算机实施金融诈骗、盗窃、贪污、挪用公款犯罪,一般也要对计算机信息系统中存储的数据和应用程序进行删除、增加和修改。金融诈骗罪、贪污罪、盗窃罪、挪用公款罪与破坏计算机信息系统罪之间形成了目的行为与手段行为的牵连关系,对此也

---

① 张明楷:《刑法学》(第四版),法律出版社2011年版,第929页。

② 赵秉志主编:《中国刑法实用》,河南人民出版社2001年版,第1045页。

应按牵连犯处理原则处理。①

笔者认为,《刑法》第 287 条是一个注意性规定,其表明行为人利用计算机实施金融诈骗、盗窃、贪污、挪用公款、窃取国家秘密或者其他犯罪的,一般按照相应的罪名即破坏计算机信息系统罪以外的罪名处理,但是其并未完全排除破坏计算机信息系统罪的适用空间。这里最关键的还是要看行为人利用计算机实施金融诈骗、盗窃、贪污、挪用公款、窃取国家秘密犯罪过程中,对计算机信息系统中存储、处理或者传输的数据和应用程序予以删除、修改、增加的操作,是否直接导致了严重后果。可以肯定的是,通过计算机实施金融诈骗、盗窃、贪污、挪用公款、窃取国家秘密或者其他犯罪的行为,必然会或多或少地对计算机信息系统中存储、处理或者传输的数据和应用程序予以相应操作,但是,不可能将任何对计算机信息系统中的数据施加影响的行为都定性为破坏计算机信息系统罪中的删除、修改、增加行为。如果行为人利用计算机实施金融诈骗、盗窃、贪污、挪用公款犯罪过程中对计算机信息系统中存储的数据和应用程序进行删除、增加和修改,并且这些操作已经现实地对计算机信息系统造成了严重后果,符合破坏计算机信息系统罪的构成要件,由于二者之间存在手段和目的的关系,那么就应当按照牵连犯来处理,择一重罪处罚。但是,对于干扰、破坏计算机信息系统后临时起意向他人索取财物的行为,或者行为人将计算机作为犯罪工具,在实施相应犯罪之后以破坏计算机信息系统的方法来消灭罪证,因存在两

---

① 柳王君、王贵东:《关于破坏计算机信息系统罪的几个问题》,载《河北法学》2002 年第 1 期。

个相对独立的行为和主观故意，均宜按照数罪并罚来处理。此时，之所以认定为其他罪名，一方面，这些行为方式客观表现、行为性质、行为人主观目的均与破坏计算机信息系统罪存在差异；另一方面，在破坏计算机信息系统罪之外，也确实存在其他罪名可以更为准确地评价这些行为。

 法律链接

1.《中华人民共和国刑法》第 286 条、第 287 条
2. 最高人民法院、最高人民检察院《关于办理危害计算机信息系统安全刑事案件应用法律若干问题的解释》第 4 条、第 6 条、第 11 条

专题十一 拒不履行信息网络安全管理义务罪司法适用

- 拒不履行信息网络安全管理义务罪司法适用
  - 网络服务提供者的司法认定
    - 网络服务提供者的类型化
    - 网络服务提供者的实质化
  - 客观行为的司法认定
    - "网络服务提供者不履行法律、行政法规规定的信息网络安全管理义务"的理解与认定
    - "经监管部门责令采取改正措施而拒不改正"的理解与认定
  - 与其他信息网络犯罪的关系
    - 与非法利用信息网络罪、帮助信息网络犯罪活动罪的关系
    - 对《刑法》第286条之一第3款的理解与适用

拒不履行信息网络安全管理义务罪是《刑法修正案（九）》新增的三个信息网络犯罪之一。与《刑法修正案（九）》新增的其他两个罪名，即非法利用信息网络罪和帮助信息网络犯罪活动罪在实践中的多发情况不同，拒不履行信息网络安全管理义务罪在司法实践中适用较少。据通过中国裁判文书网的高级检索信息显示，自2015年11月1日《刑法修正案（九）》施行以来截至2019年11月，全国法院以拒不履行信息网络安全管理义务罪论处的司法判例仅有1例。虽然案例数量有限，但是本罪在理论上一直存在较大争议。2019年10月21日，最高人民法院、最高人民检察院联合发布了《关于办理非法利用信息网络、帮助信息网络犯罪活动等刑事案件适用法律若干问题的解释》（以下简称《信息网络犯罪司法解释》），用6个条文对本罪的司法适用相关问题作了规定，涉及网络服务提供者的界定、监管部门责令采取改正措施的界定、致使违法信息大量传播的认定标准、造成严重后果的判定、情节严重的认定、有其他严重情节的认定等问题。虽然该司法解释在一定程度上回应了本罪理论上的部分争议，但关于本罪的司法适用仍存在一些值得研究的问题，有必要对这些问题进行梳理分析。

一、关于本罪犯罪主体——网络服务提供者的司法认定

根据《刑法》第286条之一明确规定，拒不履行信息网络安全管理义务罪的犯罪主体是网络服务提供者。据此理论上一般认为，拒不履行网络安全管理义务罪是真正身份犯。[①] 应当看到，

[①] 李世阳：《拒不履行网络安全管理义务罪的适用困境与解释出路》，载《当代法学》2018年第5期。

在《刑法修正案（九）》之前，我国刑法并无"网络服务提供者"这一概念。"网络服务提供者"仅出现在其他法律和行政法规中。比如，2000年9月25日国务院《互联网信息服务管理办法》就规定了"互联网信息服务提供者"这一主体。2012年12月28日全国人民代表大会常务委员会《关于加强网络信息保护的决定》则出现了"网络服务提供者"这一名词，后被《刑法修正案（九）》采用。可以说，《刑法修正案（九）》在新增拒不履行信息网络安全管理义务罪这一罪名的同时，也新增了一类新型的犯罪主体。对于网络服务提供者的准确界定，应从以下两个方面进行认定：

（一）网络服务提供者的类型化

一般认为，本罪中的网络服务提供者，包括通过计算机互联网、广播电视网、固定通信网、移动通信网等信息网络，向公众提供网络服务的机构和个人。① 这一概念主要从提供网络服务的方式、网络服务提供者的主体属性等角度对网络服务提供者作了界定，但对于什么是网络服务这一核心问题并无明确涉及。关于这一问题，学界主要围绕对网络服务做进一步的类型化分析而展开。

对此，学界主要存在五种不同的观点。第一种观点根据服务的内容，有的将网络服务分为接入服务、存储服务、缓存服务

---

① 张军主编：《刑法分则及配套规定新释新解》（中）（第9版），人民法院出版社2016年版，第1348页。

等，有的分为网络信息内容提供服务和网络中介服务。① 还有的分为网络接入服务提供者、网络平台服务提供者、网络内容及产品服务提供者。② 第二种观点根据经营性质，将网络服务分为经营性和非经营性两类。该种观点主要依据是我国有关行政法规的规定。比如，根据《互联网信息服务管理办法》第3条规定，互联网信息服务分为经营性和非经营性两类。③ 第三种观点根据网络服务提供者对网络内容的参与程度，区分为网络内容提供者与网络服务提供者。④ 第四种观点根据服务功能，将网络服务提供区分为内容提供、接入服务提供、缓存服务提供、存储服务提供。⑤ 对此，我国相关行政法规中也有所涉及，比如，《互联网信息服务管理办法》第14条就出现了"互联网信息服务提供者和互联网接入服务提供者"的区分性表述，全国人民代表大会常务委员会《关于加强网络信息保护的决定》第6条关于"网络服务提供者为用户办理网站接入服务，办理固定电话、移动电话等入网手续，或者为用户提供信息发布服务"的表述则隐含了从服务

---

① 李世阳：《拒不履行网络安全管理义务罪的适用困境与解释出路》，载《当代法学》2018年第5期。

② 谢望原：《论拒不履行信息网络安全管理义务罪》，载《中国法学》2017年第2期。

③ 根据《互联网信息服务管理办法》第3条规定，经营性互联网信息服务，是指通过互联网向上网用户有偿提供信息或者网页制作等服务活动。非经营性互联网信息服务，是指通过互联网向上网用户无偿提供具有公开性、共享性信息的服务活动。

④ 刘文杰：《网络服务提供者的安全保障义务》，载《中外法学》2012年第2期。

⑤ 王华伟：《网络服务提供者的刑法责任比较研究》，载《环球法律评论》2016年第4期。

功能角度对网络服务提供者的类型划分。第五种观点根据本罪保护法益,将网络服务提供者分成中间服务提供者、互联网信息服务提供者、第三方交易平台服务提供者三类,① 还有人将网络服务提供者分为网络虚拟空间的开辟者、运行者、维护者等。②

上述五种观点基于不同的维度,既可以得出不同的结论,也可以得出相似的结论,如第一种根据服务的内容对网络服务所作的划分和第四种根据服务功能对网络服务所作的划分,就存在重合之处,此其一。其二,上述五种观点基于不同的分类标准分别得出的结论,均具有一定的不周延性,换言之,都难以完全囊括司法实践中的网络服务提供者具体类型。因此,纠结于网络服务提供者的分类依据这一技术层面的争议,对于司法实务或许并无实益。对于网络服务提供者的司法认定问题,我们应该寻求更为深入、更为务实的解释立场。

(二) 网络服务提供者理解的实质化

值得注意的是,《信息网络犯罪司法解释》对于这一问题进行了明确。根据《信息网络犯罪司法解释》第 1 条规定,提供下列服务的单位和个人,应当认定为《刑法》第 286 条之一第 1 款规定的"网络服务提供者":(1) 网络接入、域名注册解析等信息网络接入、计算、存储、传输服务;(2) 信息发布、搜索引擎、即时通讯、网络支付、网络预约、网络购物、网络游戏、

---

① 皮勇:《论网络服务提供者的管理义务及其刑事责任》,载《法商研究》2017 年第 5 期。
② 李世阳:《拒不履行网络安全管理义务罪的适用困境与解释出路》,载《当代法学》2018 年第 5 期。

网络直播、网站建设、安全防护、广告推广、应用商店等信息网络应用服务；（3）利用信息网络提供的电子政务、通信、能源、交通、水利、金融、教育、医疗等公共服务。有人认为，本条是根据其提供的服务内容不同，将网络服务提供者分为网络技术服务提供者（信息网络接入、计算、存储、传输服务提供者）、网络内容服务提供者（信息发布、搜索引擎、即时通讯、网络支付、网络购物、网络游戏、广告推广、应用商店等信息网络应用服务提供者）和网络公共服务提供者（电子政务、通信、能源、交通、水利、金融、教育、医疗等公共服务提供者）三类。①

笔者认为，对于网络服务提供者的理解和把握，重点不在于网络服务提供者的划分标准，而在于划分的时候能够最大限度地保持周延性，以保持对日新月异的信息网络空间的适应性。由于《信息网络犯罪司法解释》并未采用"网络服务提供者是指……"的定义表述模式，而是采取了"……应当认定为网络服务提供者"的列举式表述模式，因此在司法解释提及的"信息网络接入、计算、存储、传输服务""信息网络应用服务"和"信息网络公共服务"三种类型之外，还有其他可能的类型。从这一角度而言，《信息网络犯罪司法解释》关于本罪"网络服务提供者"的解释既充分吸收了上述学界观点，尤其是我国有关行政法规的表述精神，又尽量做到了周延性，体现了极为务实的立场。此外，需要进一步明确的是，网络服务提供者与网络运营者的关系。网络运营者也是信息网络空间中的一类主体，在网络安全法

---

① 缐杰、吴峤滨：《〈关于办理非法利用信息网络、帮助信息网络犯罪活动等刑事案件适用法律若干问题的解释〉重点难点问题解读》，载《检察日报》2019年10月27日第3版。

中就频繁使用了"网络运营者"这一表述。根据《网络安全法》第 76 条规定,网络运营者,是指网络的所有者、管理者和网络服务提供者。虽然网络运营者是网络服务提供者的上位概念,但是应当看到,实践中也存在网络所有者、管理者和网络服务提供者身份重合的情况,这种情况下,就不必拘泥于三者的严格划分。

二、关于本罪客观行为方面的司法认定

根据《刑法》第 286 条之一的规定,拒不履行信息网络安全管理义务罪的客观行为方式主要包括三个方面的内容:第一,网络服务提供者不履行法律、行政法规规定的信息网络安全管理义务;第二,经监管部门责令采取改正措施而拒不改正;第三,有严重情节(情节严重)或造成严重后果。刑法条文列举的严重情节(情节严重)或造成的严重后果有:(1)致使违法信息大量传播的;(2)致使用户信息泄露,造成严重后果的;(3)致使刑事案件证据灭失,情节严重的;(4)有其他严重情节的。《信息网络犯罪司法解释》第 3 条、第 4 条、第 5 条、第 6 条分别对"致使违法信息大量传播""造成严重后果""情节严重"和"有其他严重情节"作了明确规定,为司法操作提供了较为清晰的依据。但对于"网络服务提供者不履行法律、行政法规规定的信息网络安全管理义务"和"经监管部门责令采取改正措施而拒不改正",虽然司法解释也有涉及,但规定较为简单,仍有一些需要理论上予以进一步分析的问题。

(一)关于"网络服务提供者不履行法律、行政法规规定的信息网络安全管理义务"的理解与认定

当前,我国规定信息网络安全管理义务的法律、行政法规主

要有网络安全法、全国人民代表大会常务委员会《关于加强网络信息保护的决定》、《中华人民共和国电信条例》、《互联网信息服务管理办法》等。从上述法律、行政法规的相关规定来看，信息网络安全管理义务种类较多，基于不同的标准也可以作出不同的分类。以网络安全法为例，从管理义务的内容来看，既有网络运行安全的管理，也有网络信息安全的管理，前者如"采取监测、记录网络运行状态、网络安全事件的技术措施"①，后者如网络服务提供者"对其收集的用户信息严格保密"②；从管理义务的性质来看，既有积极的管理义务，也有消极的管理义务，前者如"发现其网络产品、服务存在安全缺陷、漏洞等风险时，应当立即采取补救措施，按照规定及时告知用户并向有关主管部门报告"③，后者如"不得设置恶意程序"④；从具体程度来看，既有宏观的、抽象的管理义务，也有针对具体行为的管理义务，前者如"必须遵守法律、行政法规，尊重社会公德，遵守商业道德，诚实信用，接受政府和社会的监督，承担社会责任"⑤，后者如"采取数据分类、重要数据备份和加密等措施"⑥。从全国人民代表大会常务委员会《关于加强网络信息保护的决定》《中华人民共和国电信条例》《互联网信息服务管理办法》中也可以找出不同的义务类型。理论上有人认为，信息网络安全管理义务包括主动审查义

---

① 《中华人民共和国网络安全法》第21条。
② 《中华人民共和国网络安全法》第40条。
③ 《中华人民共和国网络安全法》第22条。
④ 《中华人民共和国网络安全法》第22条。
⑤ 《中华人民共和国网络安全法》第9条。
⑥ 《中华人民共和国网络安全法》第21条。

务与配合义务。① 也有人认为,网络服务提供者并不负有预先审查、实时监控网上信息的义务,而仅负有事后经通知后移除的责任。②

笔者认为,在理解与认定"网络服务提供者不履行法律、行政法规规定的信息网络安全管理义务"时,首先应当严格遵循上述法律、行政法规的规定。这是前提。在这一基础上,应对网络服务提供者的"不履行"做进一步的界定。考虑到本罪还有"经监管部门责令采取改正措施而拒不改正"这一构成要件要素,因此"不履行"既包括网络服务提供者明知而故意不履行,也包括网络服务提供者应知而不履行和确实不知而未履行。不管哪一种"不履行",只要具有导致违法信息大量传播、用户信息泄露、刑事案件证据灭失等严重后果现实可能性的,都可成立本罪中的"不履行"。

(二) 关于"经监管部门责令采取改正措施而拒不改正"的理解与认定

根据《信息网络犯罪司法解释》第 2 条第 1 款规定,《刑法》第 286 条之一第 1 款规定的"监管部门责令采取改正措施",是指网信、电信、公安等依照法律、行政法规的规定,承担信息网络安全监管职责的部门,以责令整改通知书或者其他文书形式,责令网络服务提供者采取改正措施。第 2 款同时规定,认定"经

---

① 敬力嘉:《论拒不履行网络安全管理义务罪——以网络中介服务者的刑事责任为中心展开》,载《政治与法律》2017 年第 1 期。
② 陈洪兵:《论拒不履行信息网络安全管理义务罪的适用空间》,载《政治与法律》2017 年第 12 期。

监管部门责令采取改正措施而拒不改正",应当综合考虑监管部门责令改正是否具有法律、行政法规依据,改正措施及期限要求是否明确、合理,网络服务提供者是否具有按照要求采取改正措施的能力等因素进行判断。对此,在理解与适用时应注意两点:

1. 承担信息网络安全监管职责的部门必须是法律、行政法规规定的部门

实践中,承担信息网络安全监管职责的部门很多,但并非所有承担信息网络安全监管职责的部门都符合本罪"责令采取改正措施"的"监管部门"。比如,根据2005年2月8日信息产业部颁布的《非经营性互联网信息服务备案管理办法》第3条规定,中华人民共和国信息产业部[①]对全国非经营性互联网信息服务备案管理工作具有监督指导职能,省、自治区、直辖市通信管理局具体实施非经营性互联网信息服务的备案管理工作。又如,根据2011年12月29日工业和信息化部《规范互联网信息服务市场秩序若干规定》第3条规定,工业和信息化部和各省、自治区、直辖市通信管理局依法对互联网信息服务活动实施监督管理。显然,无论是对互联网信息服务的备案管理(以及对备案管理工作的监督指导),还是对互联网信息服务活动的监督管理,都涉及信息网络安全,因而工业和信息化部和各省、自治区、直辖市通信管理局承担了信息网络安全的监管职责,但是《非经营性互联网信息服务备案管理办法》和《规范互联网信息服务市场秩序若干规定》均为部门规章,并非法律或行政法规的范畴,因此,工业和信息化部和各省、自治区、直辖市通信管理局对互联网信息

---

① 现为工业和信息化部。

服务活动的监督管理就不属于本罪的"监管部门责令采取改正措施"。此外,需要注意的是,"依照法律、行政法规的规定"并不仅指"依照法律、行政法规的直接规定",还包括"依照法律、行政法规的间接规定"。比如,《网络安全法》第8条规定:"国家网信部门负责统筹协调网络安全工作和相关监督管理工作。国务院电信主管部门、公安部门和其他有关机关依照本法和有关法律、行政法规的规定,在各自职责范围内负责网络安全保护和监督管理工作。"这里所明确列举的网信、电信、公安和其他有关机关等监管部门,就是"依照法律、行政法规的直接规定"。但是该条还同时规定:"县级以上地方人民政府有关部门的网络安全保护和监督管理职责,按照国家有关规定确定。"这里所指出的县级以上地方人民政府有关部门,就是"依照法律、行政法规的间接规定",因为其规定在法律中,因此县级以上地方人民政府有关部门也可以根据国家有关规定确定成为信息网络安全监管部门。笔者认为,这里的"国家有关规定"包括了法律、行政法规、部门规章。

2. "经监管部门责令采取改正措施而拒不改正"需要满足形式和实质要求

《信息网络犯罪司法解释》第2条明确的形式要求主要是"以责令整改通知书或者其他文书形式"责令改正,监管部门责令改正应具有法律、行政法规依据,改正措施及期限应明确、合理;实质要求则包括网络服务提供者是否具有按照要求采取改正措施的能力等。与"网络服务提供者不履行法律、行政法规规定的信息网络安全管理义务"中的"不履行"无关行为人主观方面不同,对于"经监管部门责令采取改正措施而拒不改正"的把握,首先,应当明确的是网络服务提供者明知行为违法而故意拒绝履行监管部门的改正指令,因此对于"拒不改正"的理解应坚持主客观相一致的原则,即行为人主观上具有拖延或者拒绝执行的故意,客观上以不作为的方式不采取任何改正措施,或者采取的改正措施未达到监管部门责令改正的要求。这里需要注意的是,网络服务提供者的拖延执行行为造成了刑法规定的严重后果,但拖延执行发生于整改期限之内的,能否认定为拒不履行信息网络安全管理义务罪?对此笔者认为,在整改期限未到的情况下,拖延履行的行为难以认定为网络服务提供者的"拒不履行"。其次,网络服务提供者拒不改正完全是因为自身的主观原因。如果网络服务提供者拒不改正是因为监管部门的改正措施没有法律、行政法规依据,或者改正措施及期限不合理、不明确,或者自身因技术、资金限制而没有改正能力等客观性原因,则不能认定为"经监管部门责令采取改正措施而拒不改正"。再次,虽然司法解释对监管部门责令采取改正措施的形式作了一般性规定,但并未明确整改通知书或者其他文书是否必须是书面形式。笔者认为,"以责令整改通知书或者其他文书形式"这一规定是对监管部门作出责令整改行为的规范要求,但是一旦以文书的形式作出了整改指令,那么文书是以书面的方式还是电子的方式并不重要。此外,责令采取改正措施并不属于我国行政处罚法规定的行政处罚种类,责令改正的性质,不是一种行政处罚,而只是一种行政措施。① 尽管如此,责令改正包括了行政处罚。以我们搜集

---

① 王文华:《拒不履行信息网络安全管理义务罪适用分析》,载《人民检察》2016年第6期。

的全国法院唯一一例拒不履行信息网络安全管理义务罪司法判决为例,针对被告人胡某为非法牟利,租用国内、国外服务器,自行制作并出租"土行孙""四十二"翻墙软件,为境内2000余名网络用户非法提供境外互联网接入服务的行为,上海市公安局浦东分局先后两次约谈被告人胡某,并要求其停止联网服务,未果后对被告人胡某的行为作出责令停止联网、警告、并处罚款人民币15000元,没收违法所得人民币40445.06元的行政处罚。[①] 本案中,虽然公安机关先后两次约谈被告人,但是作出的行政处罚决定才是本罪中的"监管部门责令采取改正措施"。最后,监管部门作出的责令整改通知书或者其他文书,必须要以有效的方式送达网络服务提供者,以让网络服务提供者充分知悉。

三、关于本罪与其他信息网络犯罪的关系问题

根据《刑法》第286条之一第3款规定,有本条前两款行为(分别是个人实施拒不履行信息网络安全管理义务犯罪和单位实施拒不履行信息网络安全管理义务犯罪),同时构成其他犯罪的,依照处罚较重的规定定罪处罚。由此需要准确理解和把握本罪与其他犯罪,尤其是信息网络犯罪的关系。

(一) 本罪与非法利用信息网络罪、帮助信息网络犯罪活动罪的关系

关于本罪与其他信息网络犯罪的关系,理论上主要集中于本罪和帮助信息网络犯罪活动罪的区分上。有人认为,网络服务商

---

① 参见上海市浦东新区人民法院 (2018) 沪0115刑初2974号刑事判决书。

明知他人在利用其管理漏洞实施网络犯罪，而拒不履行整改命令，进而产生了严重的后果，这种情形实际上是一种网络犯罪的帮助行为。从表述上看，与《刑法》第287条之二的"明知他人利用信息网络实施犯罪，为其提供……技术支持"并无两样。因此，拒不履行信息网络安全管理义务罪中的个别情形也可以构成帮助信息网络犯罪活动罪。这意味着，拒不履行信息网络安全管理义务罪与帮助信息网络犯罪活动罪出现了功能重合，显得立法过剩。①

笔者认为，拒不履行信息网络安全管理义务罪中，行为人拒不履行信息网络安全义务、经责令整改而拒不改正的行为，客观上可能会起到帮助他人利用信息网络实施犯罪的效果，但是一方面，拒不履行信息网络安全管理义务罪的成立以违反法律、行政法规规定的义务为前提，是典型的义务犯，应坚持义务犯的法理，换言之，成立该罪的实质在于义务违反；② 另一方面，本罪是不作为犯，这种不作为主要通过违反义务和经责令整改而拒不改正两个层面表现。而帮助信息网络犯罪活动罪，是指明知他人利用信息网络实施犯罪，为其犯罪提供互联网接入、服务器托管、网络存储、通讯传输等技术支持，或者提供广告推广、支付结算等帮助，情节严重的行为。从该罪的罪状表述来看，该罪既无犯罪主体的限制，也不以违反法律、行政法规规定的义务为前提，实际上规制的是一种以作为的方式为他人利用信息网络实施

---

① 李本灿：《拒不履行信息网络安全管理义务罪的两面性解读》，载《法学论坛》2017年第3期。

② 周光权：《拒不履行信息网络安全管理义务罪的司法适用》，载《人民检察》2018年第9期。

犯罪提供帮助的行为。据此可以看出，拒不履行信息网络安全管理义务罪和帮助信息网络犯罪活动罪并不存在重合。

拒不履行信息网络安全管理义务罪的特殊性在于，犯罪行为的成立不仅仅取决于网络服务提供者的不履行义务、自身对于信息网络风险的认识以及不履行义务行为可能造成的危害后果，还取决于监管部门是否责令采取改正措施以及网络服务提供者是否改正。理论上有一种观点认为，这是一种作茧自缚的立法态度，将罪与非罪的判断建立在行政机关的命令的基础上，将会大大限缩该罪的处罚范围。① 对此笔者难以赞同。《刑法修正案（九）》新增了三个信息网络犯罪，其中，非法利用信息网络罪，将信息网络空间的"预备"性行为赋予独立实行行为的性质；帮助信息网络犯罪活动罪，通过将信息网络帮助行为正犯化提高对该类犯罪行为的惩处力度；拒不履行信息网络安全管理义务罪，则将不履行信息网络安全管理义务、经责令采取改正措施而拒不改正并造成严重后果的行为单独设罪。可以看出，前两个罪名规制的都是信息网络空间的"作为"，而后一个罪名规制的则是信息网络空间中的"不作为"，三个罪名各有指向。另外，考虑到《信息网络犯罪司法解释》专门针对上述三个罪名作出明确规定，我们完全有理由相信，非法利用信息网络罪、帮助信息网络犯罪活动罪和拒不履行信息网络安全管理义务罪是基于不同视角、根据不同行为阶段、结合不同侧重点而形成的一个罪名体系群，目的是更好地惩治相关网络违法犯罪活动、保障网络安全。

---

① 李本灿：《拒不履行信息网络安全管理义务罪的两面性解读》，载《法学论坛》2017年第3期。

基于这种认识，笔者认为，立法机关为本罪设置特殊的构成要件，其目的或许就是为了达到限缩该罪处罚范围，从而更好地与其他信息网络犯罪区分的效果。因此，将"经监管部门责令采取改正措施而拒不改正"作为拒不履行信息网络安全管理义务罪的构成要件，并非一种作茧自缚的立法态度，也不会大大限缩该罪的处罚范围，而是立法机关的理性选择。

（二）关于《刑法》第286条之一第3款规定的理解与适用

根据上文分析，拒不履行信息网络安全管理义务罪与非法利用信息网络罪和帮助信息网络犯罪活动罪具有不同的构成要件，也具有不同的立法旨趣，因而并不存在这三个罪之间的重合问题。此外，这三个罪名的法定刑完全一致，均为"三年以下有期徒刑、拘役或者管制，并处或者单处罚金"，三个罪名之间并不存在"处罚较重"。显然，如果"同时构成其他犯罪的，依照处罚较重的规定定罪处罚"中的"其他犯罪"包括非法利用信息网络罪和帮助信息网络犯罪，那么就会导致《刑法》第286条之一第3款"有前两款行为，同时构成其他犯罪的，依照处罚较重的规定定罪处罚"这一法条表述毫无意义。这也充分说明，《刑法》第286条之一第3款"同时构成其他犯罪的，依照处罚较重的规定定罪处罚"中的"其他犯罪"并不包括非法利用信息网络罪和帮助信息网络犯罪，而只能是其他可能处罚较重的犯罪。

 法律链接

1. 全国人民代表大会常务委员会《关于加强网络信息保护的决定》第6条

2.《中华人民共和国刑法》第 286 条之一

3.《中华人民共和国网络安全法》第 9 条、第 21 条、第 22 条、第 40 条、第 76 条

4. 最高人民法院、最高人民检察院《关于办理非法利用信息网络、帮助信息网络犯罪活动等刑事案件适用法律若干问题的解释》第 2 条、第 3 条、第 4 条、第 5 条、第 6 条

专题十二　非法利用信息网络罪司法适用

```
                              ┌── "设立"行为的界定
            客观行为方式的界定 ──┤
                              └── "发布"行为的界定

                              ┌── 对行为对象的范围应做实质性解释
            犯罪对象的界定 ────┤
非法利用                      └── 对犯罪对象的客观属性应做"真"和
信息网络罪                         "假"两个维度的理解
司法适用
                              ┌── 服务于自己实施的违法犯罪行为目的
            主观要件的界定 ────┤
                              └── 服务于自己参与实施违法犯罪行为目的
```

非法利用信息网络罪是《刑法修正案（九）》新增的罪名，是指利用信息网络非法设立用于违法犯罪活动的网站、通讯群组，或者发布违法犯罪信息，情节严重的行为。本罪的设立，将信息网络空间的"预备"性行为赋予独立实行行为的性质，对于严密信息网络犯罪刑事法网，对网络犯罪做到"打早打小"，① 及时有效惩治日益高发的信息网络犯罪，具有十分重要的意义。2019年10月21日，最高人民法院、最高人民检察院联合发布了《关于办理非法利用信息网络、帮助信息网络犯罪活动等刑事案件适用法律若干问题的解释》（以下简称《非法利用信息网络司法解释》），对非法利用信息网络罪的司法适用相关问题作了规定，但是也应当看到，上述司法解释并未完全平息我国司法实践中关于本罪的认定争议，加上本罪行为方式自身带有的"帮助"属性，容易与帮助信息网络犯罪活动罪等其他类型的信息网络犯罪行为相混淆，② 因此仍有必要对本罪在司法适用中的诸多疑难问题加以梳理分析。

---

① 缐杰、吴峤滨：《〈关于办理非法利用信息网络、帮助信息网络犯罪活动等刑事案件适用法律若干问题的解释〉重点难点问题解读》，载《检察日报》2019年10月27日第3版。

② 据有人对非法利用信息网络罪一审52份裁判文书的梳理，该类犯罪在实践中对定性争议较大。非法利用信息网络罪相关的司法裁判中，公诉机关、辩护人与法院完全认定一致的罪名有23个，公诉人起诉的罪名、辩护人意见和法院最终认定的罪名不一致的有29个，占比55.8%。参见姜金良：《法益解释论下非法利用信息网络罪的司法适用——基于〈刑法修正案（九）〉以来裁判文书样本的分析》，载《法律适用》2019年第15期。

一、非法利用信息网络罪客观行为方式的准确界定

根据《刑法》第287条之一规定，本罪的行为方式主要有三种：一是设立用于实施诈骗、传授犯罪方法、制作或者销售违禁物品、管制物品等违法犯罪活动的网站、通讯群组的；二是发布有关制作或者销售毒品、枪支、淫秽物品等违禁物品、管制物品或者其他违法犯罪信息的；三是为实施诈骗等违法犯罪活动发布信息的。尽管我国刑法条文从类型上对本罪的行为方式进行了划分，但一方面由于采用的是列举和兜底的表述方式，另一方面，司法实践中的具体个案情形复杂，因此关于本罪行为方式的理解仍存在诸多疑惑。笔者认为，关于本罪行为方式的准确界定，应从以下两个方面展开：

（一）"设立"行为的界定

表面上看，本罪行为方式主要有三种类型。但是如果作进一步划分，本罪行为方式可以简化为两种：一种是《刑法》第287条之一第1款第1项涉及的设立行为；另一种是《刑法》第287条之一第1款第2项、第3项涉及的发布行为。设立，是指建立或设置。值得注意的是，设立行为的本质在于从无到有，因此，针对网站、通讯群组的改良、维护、管理、运行等行为，如果不是发生于设立行为之后的后续性行为，并不属于本罪中的设立行为，也无法通过刑法解释纳入本罪的客观行为。改良、维护、管理、运行用于实施诈骗、传授犯罪方法、制作或者销售违禁物品、管制物品等违法犯罪活动的网站、通讯群组的，应根据行为人的主观故意和客观行为危害程度，分别予以行政处罚或依照刑

法其他罪名论处。

(二)"发布"行为的界定

发布,根据现代汉语词典的解释,即宣布。笔者认为,发布行为的本质在于向外界传输或传播,存在一个由非公开到公开的过程,因此,仅仅持有某种信息而尚未向外传输、传播,或者传输、传播的方式不是对外而是在一个封闭的空间,均不属于本罪中的发布行为。根据《非法利用信息网络司法解释》第9条规定,利用信息网络提供信息的链接、截屏、二维码、访问账号密码及其他指引访问服务的,应当认定为《刑法》第287条之一第1款第2项、第3项规定的"发布信息"。笔者认为,上述司法解释的这种表述方式,与"《刑法》第287条之一第1款第2项、第3项规定的'发布信息'是指(或者包括)利用信息网络提供信息的链接、截屏、二维码、访问账号密码及其他指引访问服务行为"并不相同。后者表述方式是对"发布信息"的概念解释,如果包含"等"的后缀,说明在利用信息网络提供信息的链接、截屏、二维码、访问账号密码及其他指引访问服务行为之外,还有类似行为可以被认定为"发布信息";如果不包含"等"的后缀,则说明"发布信息"仅指利用信息网络提供信息的链接、截屏、二维码、访问账号密码及其他指引访问服务行为这几种特定行为。前者表述方式是对利用信息网络提供信息的链接、截屏、二维码、访问账号密码及其他指引访问服务这些行为应认定为"发布信息"的一般性指引,特别提示司法人员对于这几种典型的信息发布行为应认定为《刑法》第287条之一第1款第2项、第3项规定的"发布信息",由此,并未排除将其他利用信息网络实施的信息发布行为认定为《刑法》第287条之一第1款第2

项、第 3 项规定的"发布信息"。此其一。

其二，因本罪的总体属性是非法利用信息网络的一种犯罪行为，因此无论是设立行为还是发布行为，均应在信息网络环境中或者利用信息网络实施。根据 2013 年 11 月 12 日最高人民法院、最高人民检察院《关于办理利用信息网络实施诽谤等刑事案件适用法律若干问题的解释》（以下简称《网络诽谤司法解释》）第 10 条规定，利用信息网络实施诽谤等犯罪行为中的信息网络，包括以计算机、电视机、固定电话机、移动电话机等电子设备为终端的计算机互联网、广播电视网、固定通信网、移动通信网等信息网络，以及向公众开放的局域网络。笔者认为，非法利用信息网络罪中的信息网络，可以参照上述司法解释的界定。此外，本罪的行为方式既包括本人实施的设立、发布行为，也包括组织、指使他人实施的设立、发布行为。

二、非法利用信息网络罪犯罪对象的准确界定

根据我国刑法条文的规定，本罪设立行为的对象是用于实施违法犯罪活动的网站和通讯群组两种，而发布行为的对象则是违法犯罪信息（第二种行为方式）和信息（第三种行为方式）。鉴于第三种行为方式所指的"信息"系"为实施诈骗等违法犯罪活动发布"，因而该种"信息"实质上也是违法犯罪信息，只不过刑事立法出于语言简洁的考虑，将"违法犯罪信息"表述为"信息"。从这个角度而言，本罪的行为对象就是用于实施违法犯罪活动的网站、通讯群组和违法犯罪信息两种。除此之外，关于本罪的行为对象的理解，笔者认为还应把握好两点：

（一）对本罪行为对象的范围应做实质性解释

这涉及对违法犯罪活动和违法犯罪信息中"违法犯罪"的界定。对此，学界存在两种截然不同的观点，一种观点认为，这里的"违法犯罪"既包括犯罪行为，也包括一般的违法行为。关于违法行为又有不同的认识，有人认为，这里的违法应解释为刑事违法，[1] 有人则作扩张解释，认为即使发布的违法信息本身不触犯其他罪名，行为人也成立非法利用信息网络罪。[2] 另一种观点认为，这里的"违法犯罪"实际上仅指犯罪行为，不包括一般的违法行为，"违法"属于表述上的赘言。[3] 值得注意的是，《非法利用信息网络司法解释》第 7 条对本罪所涉"违法犯罪"作了明确。根据《非法利用信息网络司法解释》第 7 条规定，《刑法》第 287 条之一规定的"违法犯罪"，包括犯罪行为和属于刑法分则规定的行为类型但尚未构成犯罪的违法行为。表面上看，司法解释坚持的立场是"违法犯罪"包括犯罪和刑事违法，但是属于刑法分则规定的行为类型但尚未构成犯罪并非都是刑事违法行为，也包括了刑法分则规定的行为类型一样但因为数额、情节等未达到入罪标准而由治安管理处罚法调整的违法行为，因此，《非法利用信息网络司法解释》对本罪"违法犯罪"的立场实际

---

[1] 阎二鹏：《预备行为实行化的法教义学审视与重构——基于〈中华人民共和国刑法修正案（九）〉的思考》，载《法商研究》2016 年第 5 期。

[2] 苏青：《网络谣言的刑法规制：基于〈刑法修正案（九）〉的解读》，载《当代法学》2017 年第 1 期。

[3] 欧阳本祺、王倩：《〈刑法修正案（九）〉新增网络犯罪的法律适用》，载《江苏行政学院学报》2016 年第 4 期。

上是犯罪和一般违法行为。

　　据此笔者认为，本罪行为对象表述中的"违法犯罪"既包括犯罪行为，也包括一般违法行为。理由除上述对《非法利用信息网络司法解释》第7条内在精神的解读以外，还有两点：其一，刑事立法是极其严肃的活动，其所使用的语言也极其严谨，且刑事立法语言表述关涉十分重大，极有可能因为个别词语的不同导致完全不同的法律评价，立法者对刑事立法语言的斟酌可谓慎之又慎，"犯罪"和"违法犯罪"是两种完全不同的表述，将"违法"解释为语言表述上的赘言，并不具有说服力。其二，从本罪行为方式表述的结构来看，无论是设立网站、通讯群组还是发布信息，都是服务于诈骗，传授犯罪方法、制作或者销售毒品、枪支，淫秽物品等违禁物品，管制物品等行为，被服务的行为完全有可能不构成犯罪，且本罪设立的本质在于，这些较为独立的"预备性"行为本身的社会危害性和刑事当罚性已经达到应由刑法调整的程度，因此，要求设立和发布这种"服务"行为的对象限于犯罪行为，与立法旨趣相悖。此外，对本罪设立（网站、通讯群组）和发布（违法犯罪信息）行为对象的理解，不能仅限于诈骗、传授犯罪方法、制作或者销售毒品、枪支、淫秽物品等违禁物品、管制物品，还包括其他违法犯罪行为，比如，2016年4月11日，最高人民法院《关于审理毒品犯罪案件适用法律若干问题的解释》第14条规定的组织他人吸食、注射毒品等违法犯罪活动（网站、通讯群组和信息），以及我国司法解释尚未明确规定，但根据体系解释可以推及且司法实践中较为常见的制作或销售假发票、假证件，卖淫嫖娼，赌博，传销等违法犯罪行为（网站、通讯群组和信息）。

（二）对本罪犯罪对象的客观属性应做"真"和"假"两个维度的理解

在违法犯罪这一整体法律属性框架下，从客观属性及通常意义上来说，作为设立或发布行为对象的网站、通讯群组或违法犯罪信息，既包括客观上真实的网站、通讯群组或违法犯罪信息，也包括虚假的网站、通讯群组或违法犯罪信息。但是，根据本罪客观行为样态并结合我国相关司法解释，应对本罪犯罪对象的真假属性做进一步精细化的解释。笔者认为，设立用于实施诈骗、传授犯罪方法、制作或者销售违禁物品、管制物品等违法犯罪活动的网站、通讯群组，有可能是客观上真实的网站、通讯群组，也有可能是通过仿造其他知名网站、通讯群组而设立的虚假网站、通讯群组。为实施诈骗等违法犯罪活动而发布的信息，既有可能是虚假的信息（如虚构出来的事实），也有可能是真实的信息（如发布的用于收款的银行卡账户）。但是发布有关制作或者销售毒品、枪支、淫秽物品等违禁物品、管制物品或者其他违法犯罪的信息，应理解为客观上真实的信息，而不宜包含虚假的信息。根据《网络诽谤司法解释》第5条第2款和第7条第1款规定，如果行为人编造虚假信息，或者明知是编造的虚假信息，在信息网络上散布或有偿提供发布信息服务，应依照《刑法》第293条第1款第4项或第225条第4项的规定，以寻衅滋事罪定罪或非法经营罪处罚。在已经有明确的罪名适用于发布虚假信息行为的情况下，为了维持罪名之间的相对独立性，且考虑到如果发布的有关制作或者销售毒品、枪支、淫秽物品等违禁物品、管制物品或者其他违法犯罪的信息是虚假的，就不会对制作或者销售毒品、枪支、淫秽物品等违禁物品、管制物品以及其他违法犯罪活动有实际意义的"帮助",其社会危害性和刑事违法性或许尚未达到刑法调整的程度,因此,笔者倾向将该类违法犯罪信息理解为客观上真实的信息,即确实是有关制作或者销售毒品、枪支、淫秽物品等违禁物品、管制物品以及其他违法犯罪活动的信息。

三、非法利用信息网络罪主观要件的准确界定

本罪的主观要件首先是故意而不包括过失。根据《非法利用信息网络司法解释》第 8 条规定,以实施违法犯罪活动为目的而设立或者设立后主要用于实施违法犯罪活动的网站、通讯群组,应当认定为《刑法》第 287 条之一第 1 款第 1 项规定的"用于实施诈骗、传授犯罪方法、制作或者销售违禁物品、管制物品等违法犯罪活动的网站、通讯群组"。但司法解释并未就《刑法》第 287 条之一第 1 款第 2 项、第 3 项规定中行为人的主观目的作出明确。由此而来的另一个重要问题是,本罪之实施是否应具有一定的目的?更准确一点,行为人实施的设立网站、通讯群组,以及发布违法犯罪信息的行为,主观上是否应具有为实施违法犯罪活动提供服务或帮助的目的?如果坚持应具有一定的目的,那这种服务违法犯罪活动实施的目的,是为自己实施违法犯罪活动提供服务,还是为他人实施违法犯罪活动提供服务,抑或既包括为自己实施违法犯罪活动提供服务也包括为他人实施违法犯罪活动提供服务?上述问题,目前学界尚未展开深入探讨。但这些问题却是非法利用信息网络罪司法适用,尤其是具体操作中非常重要的问题,也是本罪理论研究中无法回避的"真问题"。笔者认为,本罪之实施行为人主观上应具有服务于自己实施或自己参与实施

的违法犯罪行为的目的。之所以得出这种结论，主要是基于两点理由：

(一) 从刑法条文的具体表述可以推论

根据我国刑法条文关于本罪三种行为方式的列举，第一种的设立行为即设立用于实施诈骗、传授犯罪方法、制作或者销售违禁物品、管制物品等违法犯罪活动的网站、通讯群组，由于使用了"用于……"的限定词，显然，这是关于行为人设立行为和发布行为主观目的的规定，换言之，行为人实施设立网站、通讯群组和发布违法犯罪信息的目的，是服务于后续实施的违法犯罪行为。《非法利用信息网络司法解释》第8条就将第一种行为方式的主观目的明确为"以实施违法犯罪活动为目的而设立或者设立后主要用于实施违法犯罪活动"。虽然司法解释并未就第三种发布行为，即为实施诈骗等违法犯罪活动发布信息这一行为的主观目的作出明确规定，但由于使用了"为……"的限定词，其主观目的似乎也不言自明。根据体系解释的原理，尽管第二种行为方式的具体表述中并未使用"用于"或"为"等显性限定词，但是更为合理的观点是，第二种行为方式中的发布违法犯罪信息，行为人主观上也应具有服务后续违法犯罪活动的目的。其实，如果仔细分析本罪第一种行为方式和第二种行为方式的表述逻辑，也可以得出上述结论。在第一种行为方式的列举中，包含设立用于制作或者销售违禁物品、管制物品的网站、通讯群组的行为；第二种行为方式的列举中，包含发布有关制作或者销售毒品、枪支、淫秽物品等违禁物品、管制物品信息的行为。可以看出，两种行为对象中的核心内容都是"制作或者销售违禁物品、管制物品"，既然第一种行为方式规制的是行为人"为了"

制作或者销售违禁物品、管制物品而设立,就没有理由不将第二种行为方式解释为"为了"制作或者销售违禁物品、管制物品而发布信息。

(二) 从本罪与其他相关犯罪的界限可以推论

本罪行为人的主观目的是,为自己实施或自己参与实施的违法犯罪活动提供服务,而并非单纯为他人实施违法犯罪活动提供服务,也就是说,行为人设立网站或发布违法犯罪信息的行为是服务于其即将实施或即将参与实施的违法犯罪行为,本质上是其即将实施或即将参与实施的违法犯罪行为的预备行为,目的是使后续的违法犯罪活动之实施更为便利,尽管后续违法犯罪活动不一定会实际发生,但是行为人主观上是希望发生的,至少存在"预期"。这与单纯的发布违法犯罪信息,或明知他人实施违法犯罪活动而提供设立或发布等帮助行为不同,此类行为违法性的本质是其设立网站或发布信息目的的违法性。之所以作出这种理解,主要是因为对于单纯的发布违法犯罪活动信息和明知他人实施违法犯罪活动而提供设立或发布等帮助行为,我国刑法和相关司法解释已经予以明确。比如,根据《刑法》第287条之二规定,明知他人利用信息网络实施犯罪,为其犯罪提供互联网接入、服务器托管、网络存储、通讯传输等技术支持,或者提供广告推广、支付结算等帮助,情节严重的,以帮助信息网络犯罪活动罪论处。根据有关司法解释的规定,利用互联网、移动通讯终端传播淫秽电子信息的,依照《刑法》第364条第1款的规定,以传播淫秽物品罪处罚;明知他人利用信息网络实施诽谤、寻衅滋事、敲诈勒索、非法经营等犯罪,为其提供资金、场所、技术支持等帮助的,以共同犯罪论处;明知他人实施电信网络诈骗犯罪，而提供互联网接入、服务器托管、网络存储、通讯传输等技术支持，或者提供支付结算等帮助的，以共同犯罪（诈骗罪）论处；等等。可以看出，对于为他人非法利用信息网络实施犯罪而提供信息网络帮助的（包含设立网站、通讯群组或发布信息）行为，按照被帮助犯罪行为的共犯论处，是我国刑事立法和司法解释的通行做法。

在这种背景下，将非法利用信息网络罪的主观要件解释为为自己实施或自己参与实施的违法犯罪行为提供服务，是较为妥当的。由此出发，我国《刑法》第287条之一第3款规定的"有前两款行为，同时构成其他犯罪的，依照处罚较重的规定定罪处罚"，其中"同时构成其他犯罪的"，一方面是行为人实施设立网站、通讯群组或发布违法犯罪行为之后又实施了后续的诈骗、贩卖毒品、非法制造、买卖枪支等犯罪行为，此时，当行为人为自己实施犯罪设立网站、通讯群组或者发布信息时，上述行为的预备性质，使其极易被后续实行行为所吸收，亦即，成立刑法理论中的吸收犯，而不再论以非法利用信息网络罪。① 另一方面，实施了非法利用信息网络罪的同时触犯了与自己非法利用信息网络犯罪行为没有连续性的其他犯罪行为，此时成立非法利用信息网络罪与其他犯罪之间的竞合。

此外，根据我国刑法条文，非法利用信息网络罪由行为方式＋"情节严重"构成。《非法利用信息网络司法解释》第10条对本罪"情节严重"作了列举式规定，主要包括：（1）假冒国家机

---

① 张尹：《非法利用信息网络罪的司法适用》，载《法律适用》2019年第15期。

关、金融机构名义,设立用于实施违法犯罪活动网站的;(2)设立用于实施违法犯罪活动的网站,数量达到3个以上或者注册账号数累计达到2000以上的;(3)设立用于实施违法犯罪活动的通讯群组,数量达到5个以上或者群组成员账号数累计达到1000以上的;(4)发布有关违法犯罪的信息或者为实施违法犯罪活动发布信息,具有在网站上发布有关信息100条以上、向2000个以上用户账号发送有关信息、向群组成员数累计达到3000以上的通讯群组发送有关信息、利用关注人员账号数累计达到3万以上的社交网络传播有关信息等四种情形之一的;(5)违法所得1万元以上的;(6)两年内曾因非法利用信息网络、帮助信息网络犯罪活动、危害计算机信息系统安全受过行政处罚,又非法利用信息网络的;(7)其他情节严重的情形。此外,笔者认为,还可以参照适用最高人民法院、最高人民检察院《关于办理危害计算机信息系统安全刑事案件应用法律若干问题的解释》,最高人民法院、最高人民检察院、公安部《关于办理电信网络诈骗等刑事案件适用法律若干问题的意见》,《网络诽谤司法解释》等相关司法解释确立的标准,包括但不限于:网站浏览量、点击量,违法犯罪信息被转发次数,发布的违法犯罪信息是否被他人用于违法犯罪活动等。

法律链接

1. 《中华人民共和国刑法》第287条之一、第287条之二
2. 最高人民法院、最高人民检察院《关于办理非法利用信息网络、帮助信息网络犯罪活动等刑事案件适用法律若干问题的解释》第7条、第8条

3. 最高人民法院、最高人民检察院《关于办理利用信息网络实施诽谤等刑事案件适用法律若干问题的解释》第 5 条第 2 款、第 7 条第 1 款、第 10 条

专题十三　帮助信息网络犯罪活动罪司法实务

- 帮助信息网络犯罪活动罪司法实务
  - 本罪成立前提 —— 被帮助的行为人实施的行为查证构成犯罪或者犯罪行为可以确认
  - 关于"明知"的司法认定规则
    - 从宏观层面对"明知"的内容和范围予以适当扩张
    - 从微观层面对"明知"的推定规则予以细化和明确
  - 与其他信息网络犯罪的关系

专题十三 帮助信息网络犯罪活动罪司法实务

为维护信息网络安全,《刑法修正案(九)》新增了帮助信息网络犯罪活动罪。根据《刑法》第287条之二规定,"明知他人利用信息网络实施犯罪,为其犯罪提供互联网接入、服务器托管、网络存储、通讯传输等技术支持,或者提供广告推广、支付结算等帮助,情节严重的,处三年以下有期徒刑或者拘役,并处或者单处罚金。单位犯前款罪的,对单位判处罚金,并对其直接负责的主管人员和其他直接责任人员,依照第一款的规定处罚。有前两款行为,同时构成其他犯罪的,依照处罚较重的规定定罪处罚"。通过对中国裁判文书网的高级检索后得出①,自2015年11月1日《刑法修正案(九)》施行以来截至2019年10月底,被认定为帮助信息网络犯罪活动罪的司法案例共64个。尽管数量不多,但理论界和司法实务中关于本罪的争议一直较大。2019年10月21日,最高人民法院、最高人民检察院联合发布了《关于办理非法利用信息网络、帮助信息网络犯罪活动等刑事案件适用法律若干问题的解释》(以下简称《帮助信息网络犯罪活动司法解释》),对帮助信息网络犯罪活动罪的司法适用相关问题作了规定,但并未完全回应本罪司法实践中的争议问题,有必要予以进一步梳理分析。

一、关于本罪成立是否需要被帮助的行为构成犯罪

本罪具体行为系为他人利用信息网络实施犯罪而提供帮助,由此产生了帮助行为与被帮助行为的关联问题。本罪的成立,是

---

① 检索条件设置为:案由:帮助信息网络犯罪活动罪;案件类型:刑事案件;审判程序:刑事一审;文书类型:判决书;裁判日期:2015年11月1日—2019年10月31日。

否需要被帮助的利用信息网络实施的行为构成犯罪,是争议较大的问题,而这又涉及本罪的理论定位。对此,学界产生了两种截然不同的观点。一种观点认为,帮助信息网络犯罪活动罪是一种帮助行为正犯化的立法现象。帮助行为正犯化后,特定犯罪的帮助行为便成为新设之罪的实行行为。① 另一种观点认为,本罪并不是将帮助行为作为独立正犯的表现,即并非"共犯的正犯化",而是有关处罚帮助利用信息网络实施犯罪的行为的量刑规则。所谓帮助犯的量刑规则,是指帮助犯没有被提升为正犯,帮助犯依然是帮助犯,只是因为分则条文对其规定了独立的法定刑,而不再适用刑法总则关于帮助犯(从犯)的处罚规定的情形。②

两种观点各有理由,但是其背后都指向另一个更为重要的问题,即帮助信息网络犯罪活动罪的成立,是否需要被帮助的行为构成犯罪?应当看到,上述两种不同的观点,对于这一问题也分别形成了不同的意见。比如,认为本罪系帮助行为正犯化的学者认为,在帮助信息网络犯罪活动罪中,利用信息网络实施犯罪的行为主体很有可能无法被认定为犯罪而受到查处。提供技术帮助的网络服务者可以独立构成犯罪,而不需要在实体上与实行犯罪的行为主体进行责任捆绑,也没有必要在程序上等待其他实行行为性质确认之后,或者作为关联案件处理才能追究信息网络帮助者的刑事责任。③ 持量

---

① 刘宪权、房慧颖:《帮助信息网络犯罪活动罪的认定疑难》,载《人民检察》2017 年第 19 期。

② 张明楷:《论帮助信息网络犯罪活动罪》,载《政治与法律》2016 年第 2 期。

③ 刘宪权、房慧颖:《帮助信息网络犯罪活动罪的认定疑难》,载《人民检察》2017 年第 19 期。

刑规则观点的学者认为，帮助信息网络犯罪活动罪的成立，以正犯实施符合构成要件的不法行为为前提。① 对此，有学者进一步指出，帮助信息网络犯罪活动罪客观上要求为他人犯罪提供帮助，与其他帮助性质的正犯一样，该罪的罪状自然要求依附于他人的犯罪，起码他人实施了侵害法益的行为，才能对该帮助行为人予以处罚，这是由该罪的实质帮助犯性质决定。侵害法益的行为，并非完全符合犯罪构成意义上的犯罪，而是犯罪行为意义上的犯罪，包括信息网络违法行为。②

笔者认为，从立法背景来看，《刑法修正案（九）》之所以增设帮助信息网络犯罪活动罪，一方面，考虑到当前网络犯罪的形势日益严峻，尤其是信息网络帮助行为在其中起到了一定程度的推波助澜作用，信息网络帮助行为本身即具有较为严重的社会危害性和刑罚当罚性。另一方面，网络犯罪的正犯具有很强的灵活性、隐蔽性、跨域性，且往往存在不同的犯罪环节，涉及不同的犯罪人员，司法机关既难以准确有效收集相关犯罪证据，又因网络犯罪不同环节人员之间往往没有明确的犯意联络，难以认定为共同犯罪，影响了打击的及时性和有效性。为了克服收集证据上的难题，避免帮助人的追责障碍，将网络犯罪的帮助行为予以独立化评价就显得很有必要。从《刑法》第287条之二的设置来看，涵盖了罪状和法定刑，不仅与我国刑法分则的其他个罪表述无差异，也与帮助实施恐怖活动罪、协助组织卖淫罪等其他帮助

---

① 张明楷：《论帮助信息网络犯罪活动罪》，载《政治与法律》2016年第2期。
② 孙运梁：《帮助信息网络犯罪活动罪的核心问题研究》，载《政法论坛》2019年第2期。

行为独立成罪的已有规定保持了协调。根据 2015 年 11 月 1 日最高人民法院、最高人民检察院《关于执行〈中华人民共和国刑法〉确定罪名的补充规定（六）》规定，《刑法修正案（九）》第 29 条新增的罪名为"帮助信息网络犯罪活动罪"。由此可以看出，无论是从立法精神还是刑法条文表述模式，帮助信息网络犯罪活动罪完全是一个独立于被帮助行为的罪名。因此，本罪的成立并不一定需要被帮助的行为构成犯罪。但是，我们也不赞成上述学者关于被帮助者行为的"侵害法益说"。换言之，我们并不认可对"明知他人利用信息网络实施犯罪，为其犯罪提供帮助"之"犯罪"作过于宽泛的理解。

值得注意的是，《帮助信息网络犯罪活动司法解释》对于本罪中"明知他人利用信息网络实施犯罪，为其犯罪提供帮助"之"犯罪"也作了限缩性解释。根据《帮助信息网络犯罪活动司法解释》第 12 条第 2 款规定，实施前款行为，确因客观条件限制无法查证被帮助对象是否达到犯罪的程度，但相关数额总计达到前款第 2 项至第 4 项规定标准 5 倍以上，① 或者造成特别严重后果

---

① 最高人民法院、最高人民检察院《关于办理非法利用信息网络、帮助信息网络犯罪活动等刑事案件适用法律若干问题的解释》第 12 条第 1 款规定："明知他人利用信息网络实施犯罪，为其犯罪提供帮助，具有下列情形之一的，应当认定为刑法第二百八十七条之二第一款规定的"情节严重"：（一）为三个以上对象提供帮助的；（二）支付结算金额二十万元以上的；（三）以投放广告等方式提供资金五万元以上的；（四）违法所得一万元以上的；（五）二年内曾因非法利用信息网络、帮助信息网络犯罪活动、危害计算机信息系统安全受过行政处罚，又帮助信息网络犯罪活动的；（六）被帮助对象实施的犯罪造成严重后果的；（七）其他情节严重的情形。"

的，应当以帮助信息网络犯罪活动罪追究行为人的刑事责任。第13条规定，被帮助对象实施的犯罪行为可以确认，但尚未到案、尚未依法裁判或者因未达到刑事责任年龄等原因依法未予追究刑事责任的，不影响帮助信息网络犯罪活动罪的认定。由此我们可以看到，帮助信息网络犯罪活动罪成立以被帮助的行为构成犯罪为一般原则，但是也有特殊的例外，这种例外主要体现在两个方面：一是因为程序性原因或者法定事由依法未予追究刑事责任；二是确因客观条件限制无法查证被帮助对象是否达到犯罪的程度，这主要是为了避免侦查机关避重就轻、"点到为止"，在不深挖犯罪链条、查证共同犯罪的情况下即简单适用本罪追究刑事责任，[①] 并且对于此种情形在入罪标准上作了更高的设定。

遵循司法解释的这一立场和思路，笔者认为，帮助信息网络犯罪活动罪的成立，一般应以被帮助的行为人实施的行为查证构成犯罪或者犯罪行为可以确认为前提，因此，被帮助的行为处于可能或将要实施阶段，但最终并未实施的，以及行为人主动为他人提供了互联网接入等帮助，但他人并未利用该帮助而实施互联网犯罪的，对于帮助行为，均不宜以帮助信息网络犯罪活动罪论处。

二、关于"明知"的司法认定规则

关于本罪"明知"的司法认定，也是一个需要研究的问题。对于帮助信息网络犯罪活动行为人主观上的确知，认定为"明

---

① 缐杰、吴峤滨：《〈关于办理非法利用信息网络、帮助信息网络犯罪活动等刑事案件适用法律若干问题的解释〉重点难点问题解读》，载《检察日报》2019年10月27日第3版。

知"并无疑义,存在争议的主要集中于一些难以证明确知情形的认定。比如,行为人虽然明知,但放任或者允许他人的犯罪行为,而司法机关又难以获得其明知的证据,导致刑事打击遇到障碍。① 对此就需要刑事推定。《帮助信息网络犯罪活动司法解释》采用推定的形式,对可以认定本罪"明知"的情形作了列举。根据《帮助信息网络犯罪活动司法解释》第11条规定,为他人实施犯罪提供技术支持或者帮助,可以认定行为人明知他人利用信息网络实施犯罪的具体情形有七种:(1)经监管部门告知后仍然实施有关行为的;(2)接到举报后不履行法定管理职责的;(3)交易价格或者方式明显异常的;(4)提供专门用于违法犯罪的程序、工具或者其他技术支持、帮助的;(5)频繁采用隐蔽上网、加密通信、销毁数据等措施或者使用虚假身份,逃避监管或者规避调查的;(6)为他人逃避监管或者规避调查提供技术支持、帮助的;(7)其他足以认定行为人明知的情形。上述七种情形中,前六种较为明确,在司法认定上应无疑义。关键是第七种兜底性规定的理解与适用,而这涉及对本罪"明知"的分析界定。

"明知"是我国刑法中广泛采用的一个表明犯罪主观构成要素的法律术语。除《刑法》第14条故意犯罪概念中规定的明知外,我国刑法分则和司法解释也大量规定了明知。本罪的构成要件就明确"明知他人利用信息网络实施犯罪"而提供帮助。理论上关于本罪"明知"的认定存在不同的认识,从具体司法个案来

---

① 缐杰、吴峤滨:《〈关于办理非法利用信息网络、帮助信息网络犯罪活动等刑事案件适用法律若干问题的解释〉重点难点问题解读》,载《检察日报》2019年10月27日第3版。

看，针对是否存在"明知"，被告人及其辩护人也往往提出不同的意见。理论上多数观点认为，本罪中的明知既包括明确知道和应当知道。也有学者认为，帮助信息网络犯罪活动罪的认定，要求提供帮助者对受帮助者的实行行为具有明确性认知，不包括可能知道、应当知道。① 笔者认为，对于本罪"明知"的认定，应从宏观和微观两个层面展开。

（一）从宏观层面来说，应对"明知"的内容和范围予以适当扩张

根据我国刑法和司法解释的相关规定，明知包括确实知道和应当知道。根据明知的内容，我国刑法中的明知可以划分为"明知+违法物品"型、"明知+违法行为"型、"明知+特定主体"型和"明知+特定状态"型四种。对于帮助性质的本罪行为来说，提供互联网接入等帮助的行为人明知的对象内容只要对被帮助者实施的行为，即"他人利用信息网络实施犯罪"这一事实具有违法性认识即可。因为，如果要求帮助者对"他人利用信息网络实施犯罪"有具体的认识，会极大限缩本罪的处罚范围。此外，提供互联网接入等帮助的行为人对被帮助者的利用信息网络实施犯罪行为的违法性认识，也并非现实的违法性意识，而只要求违法性意识的可能性，即用老百姓的俗语表达是知道东西不是或者可能不是"好"的。因此，本罪中的"明知"其实是一种较低限度的明知。

---

① 孙运梁：《帮助信息网络犯罪活动罪的核心问题研究》，载《政法论坛》2019年第2期。

（二）从微观层面来看，应对"明知"的推定规则予以细化和明确

司法实践中，关于本罪提供帮助的人是否明知被帮助的人实施犯罪，确实是一个证明上的难题，往往也缺乏直接的证据，因此需要借助于刑事推定。《帮助信息网络犯罪活动司法解释》第11条通过列举的方式规定了"6+1"种可以推断行为人明知的情形。但是并未明确本罪"明知"刑事推定的一般性规则，因此需要进一步梳理分析。对此，笔者认为需要把握的核心点在于为本罪的"明知"和中立帮助行为的"明知"划定区分标准。中立帮助行为，是指外观无害，客观上对正犯行为、结果起到促进作用的行为。在日本、德国以及我国台湾地区，这些行为被称作"外部的中立的行为""日常行为""中立的行为""中性帮助行为"等。① 中立帮助行为可理解为如下行为模式：实施者假使面对与正犯情况相同的其他人也会从事的行为，因为其行为自始是为了实现独立于犯罪或犯罪人之外，而且并非法所不许可目的之自我目的。②

本罪的客观行为表现是为他人提供互联网接入等帮助，显然，如果行为人为了帮助他人利用信息网络实施犯罪这一目的而设立网站、开设服务器等，进而提供帮助，或者行为人设立网站、开设服务器等以后仅为某一特定他人利用信息网络实施犯罪提供帮助，推定行为人主观上对他人利用信息网络实施犯罪的"明知"并无异议。但是实践中还存在合法设立的网站、开设的

---

① 陈洪兵：《中立的帮助行为论》，载《中外法学》2008年第6期。
② 蔡蕙芳：《P2P网站经营者之作为帮助犯责任与中性业务行为理论之适用》，载《东吴法律学报》2006年第1期。

服务器，在向社会不特定的人提供互联网服务的过程中，为他人利用信息网络实施犯罪提供了客观上的帮助这一情形。应当看到，该种行为原本是中立帮助行为，但在行为过程中掺入了"非法"的因素，因此如何认定中立帮助行为的"明知"，并进一步厘清其与本罪"明知"的区别，就成为本罪"明知"推定中的一个重要问题。对此，有学者提出将"大于半数规则"作为推定本罪"应当知道"的合理量化尺度，即电子证据表明中性业务行为所帮助的利用信息网络实施犯罪活动的对象比例超过半数以上的，应当据此推定中性业务行为人对他人利用信息网络实施犯罪主观状态为"应当知道"。[①] 笔者认为，仅仅从提供服务对象的数量来推定本罪的"明知"，似有客观归罪之嫌，因此，更为合理的方法或许是结合数量和其他客观情况综合推定。

对于其他客观情状，应通过"列举+兜底"的形式予以细化和明确。除《帮助信息网络犯罪活动司法解释》第 11 条已经明确的六种情形之外，综合司法案例情况和司法操作的可行性，笔者认为，其他客观情状包括：（1）明显超出合法经营范围向他人提供信息网络服务的；（2）提供的信息网络服务所对应的活动不符合常规的；（3）通过自身的监控数据记录等手段已经认识到信息网络服务行为存在被他人利用的风险，或者已经发现所提供的信息网络服务被他人用于犯罪活动，仍继续提供相关信息网络服务的；（4）以虚假身份、地址或者其他虚假方式向他人提供信息网络服务的；（5）通过非法手段为他人提供信息网络帮助的；

---

① 刘宪权、房慧颖：《帮助信息网络犯罪活动罪的认定疑难》，载《人民检察》2017 年第 19 期。

（6）在相关部门调查时以删除、修改、销毁数据等方式故意规避调查或者向接受信息网络服务的他人通风报信的；（7）其他可以推定为行为人明知他人利用信息网络实施犯罪的情形。

三、关于本罪与其他信息网络犯罪的关系问题

由于本罪行为主要是通过提供技术支持等方式为他人利用信息网络实施犯罪提供帮助，因而存在与其他信息网络犯罪之间的交叉竞合等问题。根据《刑法》第287条之二第3款规定，有本条第1款、第2款行为，同时构成其他犯罪的，依照处罚较重的规定定罪处罚。笔者认为，对于本条款中"同时构成其他犯罪的"，应理解为与关联信息网络犯罪的交叉（竞合），如拒不履行信息网络安全管理义务罪、非法利用信息网络罪、破坏计算机信息系统罪、非法控制计算机信息系统罪，以及诈骗罪（电信网络诈骗）等，对此，根据刑法规定依照处罚较重的规定定罪处罚即可。理论上和司法实务中存在较大争议的是，行为人与他人共谋实施信息网络犯罪，并为其提供互联网接入等帮助的，是认定为相应的信息网络犯罪（共犯），还是认定为帮助信息网络犯罪活动罪，抑或是两罪的竞合？

对此，有观点认为，应对我国《刑法》第287条之二第3款作限制解释，换言之，该款中的"同时构成其他犯罪"，是指法定刑高于该条第1款法定刑的犯罪，而不包括法定刑低于本条第1款的犯罪。[①] 相反的观点则认为，应该严格按照《刑法》第287

---

① 张明楷：《论帮助信息网络犯罪活动罪》，载《政治与法律》2016年第2期。

条之二第 3 款的规定定罪处罚,而不需要对"其他犯罪"作出限制性解释,因为这种网络帮助行为在共同犯罪中所起的作用完全可能比其所对应的正犯所起的作用大。① 多数观点认为不需要对"同时构成其他犯罪"作限制解释,认为这种情形下行为人既构成帮助信息网络犯罪活动罪,同时又构成相应信息网络犯罪的帮助犯,应按照想象竞合的原则,从一重罪处罚。具体来说,当具有帮助的故意或共同犯罪的故意,仍可以按照《刑法》第 287 条之二第 3 款的规定处理:按照行为人在共同犯罪中所起作用,处罚较轻的,应当依照《刑法》第 287 条之二第 1 款的规定,以帮助信息网络犯罪活动罪论处;如果按照行为人在共同犯罪中所起作用,处罚较重的,应当依照《刑法》第 287 条之二第 3 款的规定,以共同犯罪论处。②

笔者认为,一方面,事前共谋而实施犯罪行为,是典型的共同犯罪形态,如果对于该种行为不认定为共同犯罪行为指向的罪名,对于共同犯罪理论体系将带来极大的冲击。此外,《刑法》第 287 条之二第 3 款现有的表述是"有前两款行为,同时构成其他犯罪的,依照处罚较重的规定定罪处罚",而不是"有前两款行为,同时构成其他犯罪的,依照其他犯罪处罚",如果将《刑法》第 287 条之二第 3 款中的"同时构成其他犯罪"理解为法定刑高于该条第 1 款法定刑的犯罪,而不包括法定刑低于本条第 1 款的犯罪,则《刑法》第 287 条之二第 3 款表述中的"依照处罚

---

① 吴情树:《网络帮助行为的入罪化路径及其适用——以帮助信息网络犯罪活动罪为中心展开》,载《人民检察》2018 年第 7 期。

② 张铁军:《帮助信息网络犯罪活动罪的若干司法适用难题疏解》,载《中国刑事法杂志》2017 年第 6 期。

较重的规定定罪处罚"就毫无意义。另一方面,从帮助信息网络犯罪活动罪的罪刑设置情况来看,该罪仅有一档量刑幅度,即三年以下有期徒刑或者拘役(并处或者单处罚金),且入罪需要"情节严重",属于典型的轻罪范畴。由此可以推断的是,立法者视野下的本罪所要规制的并非所有的为信息网络犯罪活动提供帮助的行为,而仅是其中的部分帮助行为。如何理解(实现)这里的"部分"?笔者认为,在主观恶性层面予以过滤,将危害更大的共谋共同犯罪剔除,仅以危害较小的"明知"他人利用信息网络实施犯罪为基础设立该罪,是一个务实且合理的选择。据此,帮助信息网络犯罪活动罪规制的仅仅是"明知"他人利用信息网络实施犯罪而提供帮助的这一部分行为,并不包括共谋情况下提供帮助的行为。因此,行为人与他人共谋实施信息网络犯罪,并为其提供互联网接入等帮助的,应当认定为相应的信息网络犯罪(共犯)。

 法律链接

1.《中华人民共和国刑法》第 287 条之二

2. 最高人民法院、最高人民检察院《关于办理非法利用信息网络、帮助信息网络犯罪活动等刑事案件适用法律若干问题的解释》第 11 条、第 12 条

专题十四　利用信息网络实施寻衅滋事犯罪司法认定

```
利用信息网络实施寻衅滋事犯罪司法认定
├─ 客观行为方式的界定
│   ├─ 利用信息网络辱骂、恐吓他人的认定
│   └─ 利用信息网络起哄闹事行为的认定
├─ 对编造的虚假信息的理解与把握
│   ├─ 虚假信息的范围
│   └─ 虚假信息的含义
│       ├─ 虚假信息的对象认定
│       └─ 虚假信息"虚假性"的认定
└─ 对"造成公共秩序严重混乱"的理解与把握
    ├─ 网络空间秩序能否被公共场所秩序所涵摄
    └─ "造成公共秩序严重混乱"的准确认定
```

寻衅滋事罪系由我国1979年《刑法》第160条规定的流氓罪分解而来，该罪的罪状表述最初来源于1996年7月公安部《关于分解流氓罪的建议》所提供的方案。① 1997年《刑法》第293条将寻衅滋事罪罪状归并为四项，分别是：（1）随意殴打他人，情节恶劣的；（2）追逐、拦截、辱骂他人，情节恶劣的；（3）强拿硬要或者任意损毁、占用公私财物，情节严重的；（4）在公共场所起哄闹事，造成公共场所秩序严重混乱的。法定刑为5年以下有期徒刑、拘役或者管制。《刑法修正案（八）》完善了寻衅滋事罪的规定，一方面在第2项"追逐、拦截、辱骂"的基础上新增了"恐吓"这一行为类型；另一方面新增了第2款"纠集他人多次实施前款行为，严重破坏社会秩序的"这一情形，并配置了"五年以上十年以下有期徒刑，可以并处罚金"的法定刑。2013年9月6日，最高人民法院、最高人民检察院《关于办理利用信息网络实施诽谤等刑事案件适用法律若干问题的解释》（以下简称《网络诽谤刑事案件司法解释》）明确将"利用信息网络辱骂、恐吓他人，情节恶劣，破坏社会秩序"和"编造虚假信息，或者明知是编造的虚假信息，在信息网络上散布，或者组织、指使人员在信息网络上散布，起哄闹事，造成公共秩序严重混乱"两种行为分别认定为《刑法》第293条第1款第2项和第4项，以寻衅滋事罪定罪处罚。由此引发了理论界的广泛关注和争议，也给司法实践带来了一些疑难问题。有必要针对利用信息网络实施寻衅滋事犯罪的司法认定疑难问题予以分析。

---

① 高铭暄：《中华人民共和国刑法的孕育诞生和发展完善》，北京大学出版社2012年版，第519页。

一、利用信息网络实施寻衅滋事犯罪客观行为方式的界定

根据《网络诽谤刑事案件司法解释》的规定，利用信息网络实施寻衅滋事犯罪的客观行为方式有两类，分别是利用信息网络辱骂、恐吓他人和利用信息网络起哄闹事。由于这两类行为都是利用信息网络手段且在信息网络空间实施，[1] 因而具有与现实空间实施的行为不同的特点，需要分别加以梳理分析。

（一）利用信息网络辱骂、恐吓他人的认定

辱骂，一般是指以言语对他人予以轻蔑的价值判断，而恐吓是以加害他人权益或公共利益等事项威胁他人，使他人心里感到畏惧恐慌的行为。"恐吓的方式、内容可以多种多样，只要足以使被害人产生心理恐惧、恐慌的，都属于本罪规定的'恐吓'。"[2] 辱骂和恐吓，无论是作为传统型寻衅滋事犯罪的行为手段在现实空间实施，还是利用信息网络在虚拟空间实施，其行为本质并无不同。理论上和实务中有争议的是，关于"利用信息网络辱骂、恐吓他人"中的"他人"的理解。对此学界存在两种观点，一种观点认为，尽管寻衅滋事犯罪常常给公民的人身、人格或者公私财产造成损害，但寻衅滋事罪一般侵犯的并不是特定的人身、人格

---

[1] 根据《网络诽谤刑事案件司法解释》第10条规定，本解释所称信息网络，包括以计算机、电视机、固定电话机、移动电话机等电子设备为终端的计算机互联网、广播电视网、固定通信网、移动通信网等信息网络，以及向公众开放的局域网络。

[2] 周道鸾、张军主编：《刑法罪名精释》（下）（第四版），人民法院出版社2013年版，第727页。

或公私财产，而主要是指向公共秩序，向整个社会挑战，蔑视社会主义道德和法治。① 由此出发，网络寻衅滋事一般针对的是单位、不特定的多人或者公共事件，扰乱的是社会公共秩序。"如果将利用信息网络诽谤特定自然人的事实，也以破坏网络秩序等为由纳入寻衅滋事罪，则易使寻衅滋事罪演变为'口袋罪'，与罪刑法定等刑法基本原则相悖。"② 另一种观点认为，辱骂不要求有特定的对象，对一般人的谩骂，也可能成立本罪的辱骂。③ 该种观点隐含的意思是，寻衅滋事罪中"辱骂"的对象既包括特定的个人也包括不特定的多人。

笔者认为，从寻衅滋事罪侵犯的法益是公共秩序这一立场出发，且考虑到信息网络空间的流变性和所涉群体的分散性，利用信息网络辱骂、恐吓他人的行为，往往是针对一类人、一群人或不特定人而实施，但刑法关于寻衅滋事罪的构成要件并未排除针对特定的个人实施的辱骂或恐吓行为。因此，利用信息网络辱骂、恐吓特定个人的行为，也可能成立寻衅滋事罪的辱骂或恐吓。此时涉及利用信息网络实施寻衅滋事犯罪和通过信息网络实施侮辱罪、诽谤罪（《刑法》第246条第3款）的区分。对此，应从两个方面予以把握：第一，利用信息网络辱骂、恐吓特定个

---

① 张军主编：《刑法分则及配套规定新释新解》（中）（第九版），人民法院出版社2016年版，第1393页。

② 林涛、李晓、吴小军：《利用信息网络实施诽谤、寻衅滋事犯罪的区分认定》，载《人民司法（案例）》2014年第18期。

③ 张明楷：《寻衅滋事罪探究》（上篇），载《政治与法律》2008年第1期。

人，尚未破坏社会秩序的，① 可能构成侮辱罪、诽谤罪而不构成寻衅滋事罪；第二，利用信息网络辱骂、恐吓特定个人，破坏社会秩序（寻衅滋事罪构成要件）或严重危害社会秩序和国家利益（侮辱罪、诽谤罪公诉程序构成要件——《刑法》第246条第2款）的，因破坏社会秩序和严重危害社会秩序和国家利益具有重合性，② 则可能构成寻衅滋事罪和侮辱罪、诽谤罪的想象竞合，择一重罪论处。此外，本罪利用信息网络辱骂、恐吓的"他人"既可以是现实存在的自然人，也可以是历史名人，还可以是政府、企业等单位组织。

(二) 利用信息网络起哄闹事行为的认定

根据《网络诽谤刑事案件司法解释》第5条第2款的规定，利用信息网络起哄闹事行为，是指"编造虚假信息，或者明知是编造的虚假信息，在信息网络上散布，或者组织、指使人员在信

---

① 根据《网络诽谤刑事案件司法解释》第2条规定，利用信息网络诽谤他人"情节严重"的情形包括：(1) 同一诽谤信息实际被点击、浏览次数达到5000次以上，或者被转发次数达到500次以上的；(2) 造成被害人或者其近亲属精神失常、自残、自杀等严重后果的；(3) 两年内曾因诽谤受过行政处罚，又诽谤他人的；(4) 其他情节严重的情形。其中并无破坏社会秩序的内容。

② 根据《网络诽谤刑事案件司法解释》第3条规定，利用信息网络诽谤他人"严重危害社会秩序和国家利益"的情况包括：(1) 引发群体性事件的；(2) 引发公共秩序混乱的；(3) 引发民族、宗教冲突的；(4) 诽谤多人，造成恶劣社会影响的；(5) 损害国家形象，严重危害国家利益的；(6) 造成恶劣国际影响的；(7) 其他严重危害社会秩序和国家利益的情形。其与2013年7月15日最高人民法院、最高人民检察院《关于办理寻衅滋事刑事案件适用法律若干问题的解释》中关于寻衅滋事罪"破坏社会秩序"的规定存在重合之处。

息网络上散布,起哄闹事,造成公共秩序严重混乱的"行为。对于该行为涉及的虚假信息和公共秩序的理解,将在下文分别作专门分析,此处仅就客观行为,即"编造虚假信息,或者明知是编造的虚假信息,在信息网络上散布,或者组织、指使人员在信息网络上散布,起哄闹事"进行探讨。根据文义,利用信息网络起哄闹事行为包括四种:第一,编造虚假信息并在信息网络上散布,起哄闹事;第二,明知是编造的虚假信息,在信息网络上散布,起哄闹事;第三,编造虚假信息并组织、指使人员在信息网络上散布,起哄闹事;第四,明知是编造的虚假信息,组织、指使人员在信息网络上散布,起哄闹事。

对此需要进一步把握的是,其一,利用信息网络起哄闹事行为的核心在于利用信息网络的"散布"行为而非在于"编造",尽管"编造"虚假信息是"散布"的前提,但是仅有"编造"虚假信息行为并不构成本罪,而如果有"散布"行为,即使没有"编造"行为(如明知是编造的虚假信息在信息网络上散布),也可能构成本罪。其二,利用信息网络起哄闹事行为,既包括行为人散布自己编造的虚假信息,也包括散布他人编造的虚假信息,既可以自己散布,也可以组织、指使他人散布。其三,在散布编造的虚假信息的基础上,客观行为还需满足"起哄闹事"。"编造虚假信息,或者明知是编造的虚假信息,在信息网络上散布,或者组织、指使人员在信息网络上散布",其本身并非直接等同于"起哄闹事",否则《网络诽谤刑事案件司法解释》第5条第2款也不需要在散布编造的虚假信息这一行为后面加上"起哄闹事"的表述。可以肯定的是,"起哄闹事"属于网络虚假信息型寻衅滋事罪的基本构成要件要素,但令人遗憾的是,司法判决中对于

专题十四 利用信息网络实施寻衅滋事犯罪司法认定

网络中发布或传播虚假信息的言论活动为何会属于"起哄闹事",或者是如何引发"起哄闹事"的、在网络发布或传播虚假信息与起哄闹事之间存在什么样的逻辑关系,极少作出明确的交代。①

如何理解《网络诽谤刑事案件司法解释》第5条第2款中的"起哄闹事"?一般来说,本罪中的"起哄闹事"是指用语言、举动等方式,扰乱公共场所秩序,使公共场所的活动不能顺利进行,或者说,妨碍不特定或多数人在公共场所的有序活动。起哄闹事行为,应是具有煽动性、蔓延性、扩展性的行为,而不是单纯影响公共场所局部活动的行为。②

笔者认为,《网络诽谤刑事案件司法解释》第5条第2款中的"起哄闹事"起着承上启下的作用。一方面,行为人编造虚假信息,或者明知是编造的虚假信息,在信息网络上散布,或者组织、指使人员在信息网络上散布的主观目的是起哄闹事。根据2013年7月15日最高人民法院、最高人民检察院《关于办理寻衅滋事刑事案件适用法律若干问题的解释》(以下简称《寻衅滋事刑事案件解释》)第1条规定,行为人为寻求刺激、发泄情绪、逞强耍横等,无事生非,实施《刑法》第293条规定的行为的,应当认定为"寻衅滋事"。"两高"在对《网络诽谤刑事案件司法解释》进行解读时也指出,当前,一些不法分子把网络当作"虚拟空间""法外之地",在网络上肆意侮辱、发帖谩骂他人;无中生有,散布虚假信息,起哄闹事,严重扰乱社会秩序。这些

---

① 姜瀛:《网络寻衅滋事罪"口袋效应"之实证分析》,载《中国人民公安大学学报(社会科学版)》2018年第2期。

② 张明楷:《刑法学》(下)(第五版),法律出版社2016年版,第1065页。

行为已经严重扰乱了社会管理秩序，具有严重的社会危害性，应当依法惩处。①

由此，对于《网络诽谤刑事案件司法解释》第 5 条第 2 款规定的行为以及起哄闹事的理解，一方面，应遵循寻衅滋事罪本身主观要素即为寻求刺激、发泄情绪、逞强耍横等无事生非、无中生有等认定思路；另一方面，在信息网络上散布编造的虚假信息这一行为经由起哄闹事达到或实现了造成公共秩序严重混乱的结果。进一步剖析，利用信息网络散布编造的虚假信息，是利用信息网络"起哄"，因信息网络传播的便利性、扩散性，利用信息网络"起哄"的行为最终极易在公共秩序层面"闹事"。从这个角度来说，利用信息网络起哄闹事，既可以是一个单个的散布编造的虚假信息的行为，但更多的可能是多个编造、散布相互交织、相互叠加的行为，唯此，才可能达到行为人所欲实现的起哄闹事的效果。

二、对编造的虚假信息的理解与把握

利用信息网络起哄闹事行为的犯罪对象是编造的虚假信息。对此笔者认为，应从以下两个方面予以理解和把握：

（一）虚假信息的范围问题

我国刑法和司法解释并未对本罪涉及的"编造的虚假信息"所涉范围作出明确规定。在《网络诽谤刑事案件司法解释》颁行

---

① 最高人民检察院法律政策研究室：《〈关于办理利用信息网络实施诽谤等刑事案件适用法律若干问题的解释〉解读》，载《人民检察》2013 年第 23 期。

之后,《刑法修正案(九)》新增了编造、故意传播虚假信息罪,根据《刑法》第291条之一第2款规定,编造虚假的险情、疫情、灾情、警情,在信息网络或者其他媒体上传播,或者明知是上述虚假信息,故意在信息网络或者其他媒体上传播,严重扰乱社会秩序的,处三年以下有期徒刑、拘役或者管制;造成严重后果的,处三年以上七年以下有期徒刑。从罪状表述来看,编造、故意传播虚假信息罪和《网络诽谤刑事案件司法解释》第5条第2款关于寻衅滋事罪的表述具有高度相似性。由于编造、故意传播虚假信息罪将编造的虚假信息限定为险情、疫情、灾情、警情四种,由此产生了如何理解与把握利用信息网络实施寻衅滋事犯罪涉及的"编造的虚假信息"的问题。

对此,有学者认为,既然《刑法》第291条之一第2款将虚假信息的内容限定为虚假的险情、疫情、灾情、警情,就意味着编造或者传播除此之外的虚假信息的行为不构成犯罪,在《网络诽谤刑事案件司法解释》施行一段时间后,立法机关仍然增设编造、故意传播虚假信息罪,明显旨在否定《网络诽谤刑事案件司法解释》第5条第2款的规定,所以,该款规定应当自动失效。① 笔者不赞同上述学者的观点。首先,《网络诽谤刑事案件司法解释》第5条第2款的规定和《刑法》第291条之一第2款规定的构成要素并不相同。《刑法》第291条之一第2款规定的编造、故意传播虚假信息罪规制的重点在于,编造并传播或故意传播虚假信息这种行为导致严重扰乱社会秩序;而《网络诽谤刑事案件

---

① 张明楷:《刑法学》(下)(第五版),法律出版社2016年版,第1067页。

司法解释》第 5 条第 2 款规定的重点在于，编造并散布或散布编造的虚假信息，起哄闹事造成公共秩序严重混乱。"严重扰乱社会秩序"和"造成公共秩序严重混乱"二者并无实质差异，但是《网络诽谤刑事案件司法解释》第 5 条第 2 款规定的"起哄闹事"则是《刑法》第 291 条之一第 2 款规定所没有的。根据"两高"对《网络诽谤刑事案件司法解释》的解读，虽然在《网络诽谤刑事案件司法解释》征求意见过程中，有观点认为，对于利用信息网络编造、故意传播虚假信息起哄闹事的行为以寻衅滋事罪定罪处罚违反了罪刑法定原则。但经研究认为，通过信息网络编造、故意传播虚假信息起哄闹事的行为，是伴随着信息网络快速发展出现的新情况、新问题，有必要通过司法解释予以明确。①

由此看来，"起哄闹事"这一构成要素，决定了《网络诽谤刑事案件司法解释》第 5 条第 2 款和《刑法》第 291 条之一第 2 款调整的侧重点并不相同。实际上，首先，我国刑法所保护的信息类型，不仅包括了险情、疫情、灾情、警情，还有涉及个人名誉、公民个人信息、商家信誉信息、证券期货信息、恐怖信息等。对于这些特定类型的信息，我国刑法都规定了专门的罪名。但是，针对某一类信息而实施的犯罪行为，完全有可能因为该行为所附带或延伸的某个情形或者产生的更为严重的危害后果，而符合另一个法定刑更重的犯罪构成要件进而以该罪名论处。其次，编造、故意传播虚假信息罪中的传播，还包括明知是虚假的信息而放任传播的行为，但是《网络诽谤刑事案件司法解释》第

---

① 最高人民检察院法律政策研究室：《〈关于办理利用信息网络实施诽谤等刑事案件适用法律若干问题的解释〉解读》，载《人民检察》2013 年第 23 期。

5 条第 2 款规定的散布或者组织、指使人员在信息网络上散布的行为，并不包括明知是编造的虚假信息而放任散布的行为。最后，寻衅滋事罪法定刑高于编造、故意传播虚假信息罪，这与上述分析的《网络诽谤刑事案件司法解释》第 5 条第 2 款规定的编造并散布或散布编造的虚假信息行为的入罪标准高于《刑法》第 291 条之一第 2 款规定的编造、故意传播虚假信息罪基本吻合。因此，利用信息网络实施寻衅滋事犯罪所涉"编造的虚假信息"，既有可能是编造的虚假险情、疫情、灾情、警情，也可能是这四种虚假信息之外的其他信息。

（二）虚假信息的含义问题

对此，有两个方面需要予以厘清：

1. 虚假信息的对象认定

有观点认为，《网络诽谤刑事案件司法解释》第 5 条第 2 款规定的"虚假信息"，不是针对特定的自然人而捏造的虚假事实，而是针对不特定的自然人或者单位、公共事件而编造的虚假信息。如果针对特定的自然人，捏造损害其名誉的虚假事实，并在网络上散布的，应当认定为《刑法》第 246 条第 1 款规定的"捏造事实诽谤他人"。[1] 笔者认为，针对特定的自然人而捏造的虚假事实也是编造虚假信息的一种。《网络诽谤刑事案件司法解释》第 5 条第 2 款规定的行为核心在于，行为人利用信息网络散布编造的虚假信息这一工具手段起哄闹事进而破坏公共秩序，其与利

---

[1] 最高人民法院刑事审判第三庭：《〈关于办理利用信息网络实施诽谤等刑事案件适用法律若干问题的解释〉的理解与适用》，载《人民司法》2013 年第 21 期。

用信息网络诽谤他人的构成要素并不完全相同,且散布针对特定自然人而捏造的虚假信息起哄闹事造成公共秩序严重混乱的,完全符合利用信息网络实施寻衅滋事犯罪的构成要件。因此,利用信息网络散布编造的虚假信息起哄闹事,既包括针对特定的自然人而捏造的虚假信息,也包括针对不特定的自然人或者单位、公共事件而编造的虚假信息。

2. 虚假信息"虚假性"的认定

从汉语词义上来理解,虚假信息是指与事实不符合的消息,而谣言是指没有根据的消息。一般来说,没有根据的信息往往与事实不符,但是与事实不符的信息并不都是没有根据,因此虚假信息的外延要大于谣言。有学者基于刑法的谦抑性和限缩解释的立场,认为应将本罪中的虚假信息理解为没有根据的信息,而不能理解为与事实不符的信息。① 有学者进一步指出,本罪中的虚假信息应当作限制解释,理解为"根本上虚假的信息"或者说"没有根据的信息",其本质是"谣言"。也就是说,如果行为人散布的信息从根本上讲是虚假的,该信息即属于"虚假信息";如果行为人散布的信息总体上基本属实,只有部分情况不实,则不能认定行为人编造、散布"虚假信息"。总之,基本属实但是部分失实的信息不属于网络型寻衅滋事罪的"虚假信息"。② 根据上述学者观点,只有完全没有根据的信息才属于利用信息网络实

---

① 孙万怀、卢恒飞:《刑法应当理性应对网络谣言——对网络造谣司法解释的实证评估》,载《法学》2013年第11期。

② 黄华生、李文吉:《网络型寻衅滋事罪司法适用问题探析》,载赵秉志主编:《刑法论丛》(2015年第1卷),法律出版社2015年版,第336页。

施寻衅滋事犯罪中的"虚假信息",但是,某个信息是否没有根据和是否与事实不符,这二者之间往往很难作出明确的界分。比如,灾害事故发生后行为人编造夸大灾害事故后果的虚假信息,其具有一定的事实基础,就"编造夸大灾害事故后果的虚假信息"整体来说并非完全没有根据(虽然与事实不符),但是就与真实的灾害事故后果而言行为人编造出来的"关于灾害事故后果的夸大成分"这一部分虚假信息,却既与事实不符,也毫无根据。因此,基于不同的评价视角,完全可能对同一情形是否与事实不符和是否没有根据得出不同的解释结论。

据此笔者认为,在讨论虚假信息时不宜过多纠结该虚假信息是没有根据还是与事实不符,也不宜过多纠结编造的虚假信息是全部虚假还是部分虚假,而应重点关注该虚假信息本身尤其是其"虚假"的成分是否具有可利用性,即主观上犯罪行为人认为该编造的虚假信息本身具有被利用的价值,客观上利用该编造的虚假信息能够实现起哄闹事并进而造成公共秩序严重混乱。要使编造的虚假信息本身尤其是其"虚假"的成分具有可利用的价值,该编造的虚假信息必须与某种事实具有关联性,即编造的虚假信息所要表达的是一个"事实"或"状况",只不过这个事实或状况是虚假的。这不同于纯粹表达个人观点。散布不同于权威、主流观点的个人观点,即使该观点是错误的、偏激的,如针对房屋限购、车牌限行等政策,认为该类政策错误、毫无道理、有失公平并在信息网络上散布的,不宜认定为本罪中的散布"虚假信息"。

在虚假信息"虚假性"的认定中,还有一个值得研究的问题是,虚假信息是否需要被证实是虚假信息?有人认为,"将未经证实的传言发布在信息网络上,不构成'明知是编造的虚假信息而散布'"。① 有学者在对涉虚假信息类寻衅滋事犯罪 45 份刑事裁判文书作出梳理分析后得出,其中仅 10 起案件的裁判文书中存在权威部门辟谣环节或者是专门用证据证明了信息的虚假性。在其余的 35 起案件中,除 2 起案件属于行为人不涉及信息虚假性问题之外(网络辱骂型寻衅滋事罪),其他 33 起案件往往仅是依据利益相关人的陈述(甚至没有陈述)就直接将行为人在互联网中发布或传播信息的行为认定为网络虚假信息型寻衅滋事罪,并没有对信息的虚假性作专门交代。② 对此笔者认为,从刑法调整的精确性出发,本罪中编造的虚假信息,应当是能够被证实是虚假的信息。司法实践中,对于编造的虚假信息的证实,一方面,通过权威部门辟谣、专门机构证明或有关证据证明编造信息的"虚假性";另一方面,客观事实的推进也会证明案发时行为人所散布信息的"虚假性",如行为人散布编造某事会发生的信息,但后来现实的发展过程中并未发生行为人散布信息所针对的事实。

三、对"造成公共秩序严重混乱"的理解与把握

根据《网络诽谤刑事案件司法解释》第 5 条第 2 款规定,编造虚假信息,或者明知是编造的虚假信息,在信息网络上散布,

---

① 黄华生、李文吉:《网络型寻衅滋事罪司法适用问题探析》,载赵秉志主编:《刑法论丛》(2015 年第 1 卷),法律出版社 2015 年版,第 338 页。

② 姜瀛:《网络寻衅滋事罪"口袋效应"之实证分析》,载《中国人民公安大学学报(社会科学版)》2018 年第 2 期。

或者组织、指使人员在信息网络上散布，起哄闹事，造成公共秩序严重混乱的，依照《刑法》第 293 条第 1 款第 4 项的规定，以寻衅滋事罪定罪处罚。而《刑法》第 293 条第 1 款第 4 项的规定为"在公共场所起哄闹事，造成公共场所秩序严重混乱的"。由此而来的疑问是，《网络诽谤刑事案件司法解释》第 5 条第 2 款明确的依照《刑法》第 293 条第 1 款第 4 项的规定处罚，重点是依照《刑法》第 293 条第 1 款第 4 项规定的客观行为即"起哄闹事"和寻衅滋事罪名予以认定，还是在此基础上同时要遵循起哄闹事的"公共场所"以及"造成公共场所秩序严重混乱"的认定规则？这涉及公共秩序与公共场所、网络公共秩序和公共场所之间的关系，对此，应从以下两个方面展开分析：

（一）网络空间秩序能否被公共场所秩序所涵摄

《网络诽谤刑事案件司法解释》第 5 条第 2 款规定的利用信息网络起哄闹事的行为，首先侵犯的就是网络空间秩序（也可以说是网络公共秩序）。《刑法》第 293 条第 1 款第 4 项规定的寻衅滋事犯罪行为是"在公共场所起哄闹事，造成公共场所秩序严重混乱"。因此，将在信息网络空间利用信息网络起哄闹事的行为依照《刑法》第 293 条第 1 款第 4 项的规定处理，就面临着能否将网络空间视为公共场所进而将网络空间秩序视为公共场所秩序的问题。关于网络空间秩序能否被《刑法》293 条第 1 款第 4 项所规定的"公共场所秩序"所涵摄，曾引起了学术界的广泛讨论。一种观点认为，所谓公共场所，是指公众（不特定人或者多数人）可以在其中活动的场地、处所，或者说，是公众可以自由出入的场所。这里的"自由出入"并不是指言论的自由出入，而是指身体的自由出入。① 该学者进一步指出，在网络上散布虚假信息的行为，虽然可能导致人们的心理秩序混乱，但不会直接引起物理秩序的混乱。② 有人指出，"网络空间不是公共场所，网络空间秩序、道德秩序以及国家形象都不属于公共秩序"。③ 另一种观点认为，"在当今的信息网络时代条件下，'场所'的概念已经不再局限于传统时代条件下的'物理场所'概念，而是也包含了'信息网络空间'，这既是客观存在的既成事实，也已得到主流社会的认可"。④ 在上述两种观点对立的背后，则是不同解释方法的运用。比如，基于目的解释和扩张解释的观点，往往认为网络起哄闹事，造成网络空间秩序混乱，能够被《刑法》第293条的规范所涵摄；而基于文义解释和体系解释的观点则倾向认为，网络起哄闹事，造成网络空间秩序混乱，不能被《刑法》第293条的规范所涵摄。⑤

笔者认为，从目前我国刑法和司法解释关于公共场所的相关规定来看，公共场所确实带有物理性场所的意蕴，更多的是一个

---

① 张明楷：《刑法学》（下）（第五版），法律出版社2016年版，第1066页。

② 张明楷：《简评近年来的刑事司法解释》，载《清华法学》2014年第1期。

③ 孙万怀、卢恒飞：《刑法应当理性应对网络谣言——对网络造谣司法解释的实证评估》，载《法学》2013年第11期。

④ 黄华生、李文吉：《网络型寻衅滋事罪司法适用问题探析》，载赵秉志主编：《刑法论丛》（2015年第1卷），法律出版社2015年版，第332页。

⑤ 陈劲阳：《徘徊在歧义与正义之间的刑法释义——网络寻衅滋事罪司法解释妥当性反思》，载《法制与社会发展》2016年第6期。

专题十四 利用信息网络实施寻衅滋事犯罪司法认定

物理性的概念。比如，我国《刑法》第 291 条规定的聚众扰乱公共场所秩序罪就明确，公共场所秩序是指车站、码头、民用航空站、商场、公园、影剧院、展览会、运动场或者其他公共场所秩序。《刑法》第 130 条非法携带枪支、弹药、管制刀具、危险物品危及公共安全罪，第 236 条强奸罪，第 237 条强制猥亵、侮辱罪、猥亵儿童罪，第 292 条聚众斗殴罪等关于公共场所的规定也都带有物理性场所的指向。《寻衅滋事刑事案件解释》在对《刑法》第 293 条第 1 款第 4 项的解释中，也隐含了公共场所具有物理性的考虑。①

客观而言，虽然信息网络空间也属于"公共"领域，但毕竟与"场所"在通常含义上并非完全等同。因此，从字面含义或者从形式层面来说，将信息网络空间界定为公共场所，存在一定思维惯性上的障碍。但是，信息网络环境下，利用信息网络编造、发布虚假信息的受众面极易扩展，这也使得网络虚假信息所影响的时空范围远远超出了车站、码头、机场、医院、商场、公园、影剧院、展览会、运动场等传统意义上相对固定、相对确定的场所，而更多地向更广领域延伸。比如，行为人编造并在信息网络散布核泄漏虚假信息，导致多个地区大量群众外出"避难"，严重扰乱了生产、生活、工作、营业等社会公共秩序，这种对现实世界的危害显然难以被概括为对某一相对固定公共场所秩序的破

---

① 根据《寻衅滋事刑事案件解释》第 5 条，在车站、码头、机场、医院、商场、公园、影剧院、展览会、运动场或者其他公共场所起哄闹事，应当根据公共场所的性质、公共活动的重要程度、公共场所的人数、起哄闹事的时间、公共场所受影响的范围与程度等因素，综合判断是否"造成公共场所秩序严重混乱"。

坏。因此，传统意义上公共场所的概念需要进行适时拓展。或许正是出于上述考虑，《网络诽谤刑事案件司法解释》第5条第2款将在信息网络空间起哄闹事行为的后果明确为"造成公共秩序严重混乱"，而并未重复《刑法》第293条第1款第4项规定的"造成公共场所秩序严重混乱"。由此笔者认为，《网络诽谤刑事案件司法解释》第5条第2款实际上是将一种新型的犯罪行为，即"编造虚假信息，或者明知是编造的虚假信息，在信息网络上散布，或者组织、指使人员在信息网络上散布，起哄闹事，造成公共秩序严重混乱的"这一行为拟制为《刑法》第293条第1款第4项规定的行为。其中，将"编造虚假信息，或者明知是编造的虚假信息，在信息网络上散布，或者组织、指使人员在信息网络上散布，起哄闹事"拟制为"在公共场所起哄闹事"，将"造成公共秩序严重混乱"拟制为"造成公共场所秩序严重混乱的"。

这种拟制的法理基础，一方面是为了更好地适应信息网络时代公共场所范围的空间拓展、行为人利用信息网络起哄闹事行为的特点及其惩治需要；另一方面也需要严格遵循寻衅滋事罪的构成要件解释规则，既在依照《刑法》第293条第1款第4项规定的罪名认定的基础上，还应依照《刑法》第293条第1款第4项规定的"在公共场所起哄闹事，造成公共场所秩序严重混乱"的部分解释规则，以此获得正当性。尤其是对利用信息网络起哄闹事行为"造成公共秩序严重混乱"这一要素，应作较为严格的限制解释。对此，将在下文予以详细分析。

（二）对"造成公共秩序严重混乱"的准确认定

《网络诽谤刑事案件司法解释》第5条第2款将在信息网络空间起哄闹事行为的后果明确为"造成公共秩序严重混乱"。对此，学界存在两种不同的观点，一种观点以利用信息网络寻衅滋事应遵循犯罪行为和犯罪结果同一性要求为基础，认为"造成公共秩序严重混乱"仅指造成网络空间秩序严重混乱。如有学者指出，《刑法》第293条第1款第4项在两处使用"公共场所"概念，前者是指行为发生的场所，后者是指结果发生的场所（或范围），二者显然具有同一性。只有当起哄闹事行为导致网络空间秩序本身严重混乱的，才可能使行为发生场所与结果发生场所具有同一性。如果行为人在网络上起哄闹事，却使现实生活秩序严重混乱的，也不符合寻衅滋事罪的构成要件。① 还有人指出，《网络诽谤刑事案件司法解释》中的"造成公共秩序严重混乱"，应当理解为"造成信息网络空间的公共秩序严重混乱"，通常表现为：造成网络空间中谣言被广泛传播，公众舆论和公众行为被严重误导；或者造成网络空间中民众的不满情绪被煽动起来，引发颠倒黑白、栽赃诬陷、围攻谩骂等乱象。持该种观点的个别学者虽然也承认，在"造成信息网络空间的公共秩序严重混乱"之后，可能会延伸波及传统意义的公共场所，从而破坏传统的物理空间的公共秩序，"造成现实物理空间的公共秩序严重混乱"。但是认为这种延伸的"造成现实物理空间的公共秩序严重混乱"的情况，只是网络型寻衅滋事罪的量刑情节而已，而不是定罪的要件。② 另一种观点则认为，"造成公共秩序严重混乱"并非指信息

---

① 张明楷：《简评近年来的刑事司法解释》，载《清华法学》2014年第1期。
② 黄华生、李文吉：《网络型寻衅滋事罪司法适用问题探析》，载赵秉志主编：《刑法论丛》（2015年第1卷），法律出版社2015年版，第333～335页。

网络空间秩序的严重混乱。如有人指出，当起哄闹事的行为及其导致的严重结果全部或部分发生在虚拟网络空间时，均可构成寻衅滋事罪。① 有人则进一步指出，网络虚假信息的编造者、散布者虽然是在网络上进行编造、散布，但其目的也是为了造成一定的现实社会影响，其编造、散布的行为可以部分或全部发生于网络世界，而最终寻衅滋事行为所侵害的法益仍是现实世界的法益。②

笔者认为，"造成公共秩序严重混乱"主要是指导致生产、生活、工作、营业、教学等现实社会公共秩序严重混乱。首先，利用信息网络起哄闹事仅仅造成网络秩序严重混乱，由于网络秩序混乱与否没有一个清晰的判断标准，导致罪与非罪存在不确定性。信息实际被点击、浏览次数或者被转发次数等，更多是与犯罪行为本身的性质和情节相关，其多少并不能反映网络空间秩序的混乱与否。其次，无论是《寻衅滋事刑事案件解释》关于寻衅滋事罪"造成公共场所秩序严重混乱"的解释，还是《网络诽谤刑事案件司法解释》关于利用信息网络诽谤他人"严重危害社会秩序"情形的列举，抑或是2013年9月18日最高人民法院《关于审理编造、故意传播虚假恐怖信息刑事案件适用法律若干问题的解释》关于编造、故意传播虚假恐怖信息"严重扰乱社会秩

---

① 陈劲阳：《徘徊在歧义与正义之间的刑法释义——网络寻衅滋事罪司法解释妥当性反思》，载《法制与社会发展》2016年第6期。

② 张申杰、李思远：《编造、散布虚假信息类网络寻衅滋事案件的司法认定》，载《人民检察》2018年第12期。

序"的判定,① 都主要是指现实社会公共秩序的混乱。再次,从实践中的典型案例来看,也主要是在信息网络编造发布虚假信息后造成现实公共秩序的严重影响。比如,在赵某、杨某等寻衅滋事一案中,赵某对生效判决不满,企图利用新闻媒体制造舆论给政府施压以达到个人目的,编造虚假信息并通过杨某等人在网上散布,当时正值第六届"库布其国际沙漠论坛"及《联合国防治荒漠化公约第十三次缔约方大会》在鄂尔多斯召开之际。该虚假信息被大量转发、点击后,当地政府为防止虚假信息继续扩散、及时控制不良舆论影响,启动应急预案,多部门联动,采取了重大举措。该虚假信息的发布严重影响了政府部门的正常工作秩序。② 又如在秦火火利用信息网络实施诽谤、寻衅滋事犯罪一案中,秦志晖为了利用热点事件进行自我炒作,提高网络关注度,在微博上编造并散布虚假信息,称原铁道部向"7·23"甬温线动车事故中的外籍遇难旅客支付3000万欧元高额赔偿金。该微博被转发11000次,评论3300余次,引发大量网民对国家机关公信

---

① 根据2013年9月18日最高人民法院《关于审理编造、故意传播虚假恐怖信息刑事案件适用法律若干问题的解释》第2条规定,编造、故意传播虚假恐怖信息"严重扰乱社会秩序"的情形包括:(1) 致使机场、车站、码头、商场、影剧院、运动场馆等人员密集场所秩序混乱,或者采取紧急疏散措施的;(2) 影响航空器、列车、船舶等大型客运交通工具正常运行的;(3) 致使国家机关、学校、医院、厂矿企业等单位的工作、生产、经营、教学、科研等活动中断的;(4) 造成行政村或者社区居民生活秩序严重混乱的;(5) 致使公安、武警、消防、卫生检疫等职能部门采取紧急应对措施的;(6) 其他严重扰乱社会秩序的。

② 项婷:《通过信息网络实施寻衅滋事犯罪的认定》,载《中国检察官(经典案例)》2019年第4期。

力的质疑，原铁道部被迫于当夜辟谣。秦志晖的行为对事故善后工作的开展造成了不良影响。① 最后，将利用信息网络起哄闹事"造成公共秩序严重混乱"限定为现实社会公共秩序严重混乱，也有利于进一步规范和限缩网络寻衅滋事犯罪的惩处犯罪，一定程度上纠偏寻衅滋事犯罪在司法实践中的"口袋化"倾向。

 法律链接

1.《中华人民共和国刑法》第 291 条之一第 2 款、第 293 条

2. 最高人民法院、最高人民检察院《关于办理利用信息网络实施诽谤等刑事案件适用法律若干问题的解释》第 2 条、第 3 条、第 5 条第 2 款

3. 最高人民法院、最高人民检察院《关于办理寻衅滋事刑事案件适用法律若干问题的解释》第 1 条

---

① 林涛、李晓、吴小军：《利用信息网络实施诽谤、寻衅滋事犯罪的区分认定》，载《人民司法（案例）》2014 年第 18 期。

专题十五 利用信息网络实施赌博犯罪行为司法界定

利用信息网络实施赌博犯罪行为司法界定
- 客观行为的界定
  - 利用信息网络实施聚众赌博行为的界定
  - 信息网络环境下"以赌博为业"的界定
  - 利用信息网络实施开设赌场行为的界定
- 与开设赌场的界分
  - 核心要素——对赌博活动的控制性和支配性
  - 辅助要素——赌博规模、赌博场所固定程度、持续时间、隐蔽性
- 网络开设赌场司法认定的限缩立场
  - 遵循赌博罪（聚众赌博）和开设赌场罪入罪标准的平衡
  - 遵循司法解释关于网络开设赌场的"有限列举"方式

随着信息网络的发展和手机、平板电脑等移动终端的普及，在传统赌博犯罪行为方式的基础上，滋生了利用信息网络或者在信息网络空间实施赌博犯罪的行为方式。近年来，比较典型的有以建立微信群、QQ 群抢红包形式进行网络赌博，组建聊天群利用棋牌类 App 赌博等。由于与信息网络相互交织，与传统赌博相比，这种新型赌博互动便利、下注便捷，还具有犯罪成本低、隐蔽性高、迷惑性强、影响面广、打击难度大等特点，吸引了越来越多的人员参与。这类犯罪行为在司法适用上也存在较大争议，有必要针对司法实践中的重点、要点、争议点展开梳理分析。

一、利用信息网络实施赌博犯罪客观行为的界定

赌博罪，是指以偶然的事实决定财物得失的犯罪。赌博罪是较为古老的一种犯罪行为。我国 1979 年刑法就规定了赌博罪，规制聚众赌博和以赌博为业两种行为。1997 年刑法在 1979 年刑法的基础上，新增了开设赌场的犯罪行为方式。根据 1997 年《刑法》第 303 条规定："以营利为目的，聚众赌博、开设赌场或者以赌博为业的，处三年以下有期徒刑、拘役或者管制，并处罚金。"由于聚众赌博、开设赌场和以赌博为业三种行为方式最后都定为赌博罪，且适用相同的刑期，因而三种行为方式区分的意义不大。正如"两高一部"在有关文件中明确指出的："对以营利为目的聚众赌博、开设赌场的，无论其是否参与赌博，均应以赌博罪追究刑事责任；对以营利为目的以赌博为业

的，无论其是否实际营利，也应以赌博罪追究刑事责任。"① 随着经济社会的发展，同时考虑到开设赌场吸引他人赌博较一般的聚众赌博危害更大一些，因此，有必要加大对开设赌场的惩处力度，提高刑罚。"由于开设赌场，吸引他人前去赌博，参赌人数多，赌资数额大，赌场收入更加丰厚，社会危害性也较一般的聚众赌博更大。"② 这种考量下，2006年《刑法修正案（六）》将开设赌场行为单独设款，新设了开设赌场罪这一罪名，并在原有赌博罪刑罚配置的基础上增加了三年以上十年以下有期徒刑的刑档。这种考量下，2006年《刑法修正案（六）》将开设赌场行为单独设款，新设了开设赌场罪这一罪名，并在原有赌博罪刑罚配置的基础上增加了三年以上十年以下有期徒刑的刑档。2020年12月26日经第十三届全国人民代表大会常务委员会第二十四次会议通过、2021年3月1日起施行的《刑法修正案（十一）》第36条对《刑法》第303条规定的开设赌场罪再次作了修改。其修改主要包括两个方面：一是提高了开设赌场罪的法定刑，将开设赌场罪的基本刑由原来的"三年以下有期徒刑、拘役或者管制，并处罚金"改为"五年以下有期徒刑、拘役或者管制，并处罚金"，将开设赌场罪的加重刑由原来的"三年以上十年以下有期徒刑，并处罚金"改为"五年以上十年以下有期徒刑，并处罚金"；二是新增了"组织中华人民共和国公民参与国（境）外赌博，数额巨大或者有其他严重情节的，依照前款的规定处罚"的规定。由

---

① 最高人民法院、最高人民检察院、公安部《关于开展集中打击赌博违法犯罪活动专项行动有关工作的通知》（2005年1月10日）。

② 黄太云：《〈刑法修正案（六）〉的理解与适用（下）》，载《人民检察》2006年第8期。

此加大了对开设赌场犯罪的惩处力度。

　　一般认为，赌博罪具有三个特征：一是赌博参与人以财物作为赌注比输赢的结果必须具有偶然性；二是赌博标的物即赌注必须是财物，如货币、股票、房产、债券等；三是赌博必须以营利为目的，对此，《刑法》第303条明确规定构成赌博罪的主观要件为"以营利为目的"。① 根据最新《刑法》第303条第1款规定，"以营利为目的，聚众赌博或者以赌博为业的，处三年以下有期徒刑、拘役或者管制，并处罚金"。第2款规定，"开设赌场的，处五年以下有期徒刑、拘役或者管制，并处罚金；情节严重的，处五年以上十年以下有期徒刑，并处罚金"。第3款规定，"组织中华人民共和国公民参与国（境）外赌博，数额巨大或者有其他严重情节的，依照前款的规定处罚"。由此形成了赌博犯罪的四种行为类型和三档刑罚幅度。但是也应当看到，我国刑法对赌博犯罪的构成要件规定较为简单，仅表述了聚众赌博、以赌博为业、开设赌场和组织中华人民共和国公民参与国（境）外赌博四种行为名称，并未明确四种行为的具体含义，更未涉及信息网络赌博犯罪行为。对此有必要分别予以界定。考虑到"组织中华人民共和国公民参与国（境）外赌博"依照前款即开设赌场罪的规定处罚，故将"组织中华人民共和国公民参与国（境）外赌博"置于开设赌场犯罪中一并分析。

（一）利用信息网络实施聚众赌博行为的界定

　　无论是线下聚众赌博还是利用信息网络实施线上聚众赌博，

---

①　冯瑶：《如何认定微信红包赌博犯罪行为》，载《检察日报》2016年8月12日第3版。

其核心均在于组织行为,即召集、招引他人参加赌博活动,只要抓住了组织行为的本质,就能准确认定线上聚众赌博行为。根据2005年5月11日最高人民法院、最高人民检察院《关于办理赌博刑事案件具体应用法律若干问题的解释》(以下简称《赌博案件解释》)第1条,2008年6月25日最高人民检察院、公安部《关于公安机关管辖的刑事案件立案追诉标准的规定(一)》(以下简称《立案追诉标准(一)》)第43条规定,我国刑法规定的聚众赌博包括五种类型:(1)组织3人以上赌博,抽头渔利数额累计达到5000元以上;(2)组织3人以上赌博,赌资数额累计达到5万元以上;(3)组织3人以上赌博,参赌人数累计达到20人以上;(4)组织中国公民10人以上赴境外赌博,从中收取回扣、介绍费;(5)其他聚众赌博情形。据此,利用信息网络或者在网络空间实施上述五种客观行为,且具备以营利为目的,就是我国刑法规定的聚众赌博行为,至于行为人是利用手机、平板电脑等信息网络移动终端组织实施,还是在微信群、QQ群、聊天室等组织实施,均不影响聚众赌博行为的性质。

(二)信息网络环境下"以赌博为业"的界定

与聚众赌博类似,对于"以赌博为业"的认定,受信息网络影响较小。换言之,信息网络环境下的以赌博为业,与非信息网络环境下的以赌博为业,并无太大区别,关键还是要准确把握以赌博为业的核心和本质。结合我国刑法关于以赌博为业的主观限定(以营利为目的),笔者认为,以赌博为业的判定要点不仅仅在于行为人以赌博为职业或者行为人赌博成瘾、嗜赌成性或者一贯赌博,更主要在于行为人以赌博为其生活或主要经济来源。既包括有正式职业但其经济收入的主要部分来自赌博,也包括没有正式职业和其他正当收入而以赌博为生,后者是以赌博为业的典型。此外,以赌博为业并不以行为人实际营利为标准,行为人以赌博为生活或主要经济来源,既是可以是客观已然表现结果,也可以是行为人所欲达到的主观目的。

(三)利用信息网络实施开设赌场行为的界定

与聚众赌博和以赌博为业不同的是,我国司法解释对于利用信息网络开设赌场行为作了较为丰富的规定。2005年《赌博案件解释》第2条规定:"以营利为目的,在计算机网络上建立赌博网站,或者为赌博网站担任代理,接受投注的,属于刑法第三百零三条规定的开设赌场。"根据该司法解释,网络开设赌场包括"以营利为目的+建立赌博网站+接受投注"和"以营利为目的+为赌博网站担任代理+接受投注"两种行为。2010年8月31日最高人民法院、最高人民检察院、公安部《关于办理网络赌博犯罪案件适用法律若干问题的意见》(以下简称《网络赌博意见》)在吸收2005年《赌博案件解释》的基础上进一步明确了四种网络开设赌场行为,分别是建立赌博网站并接受投注、建立赌博网站并提供给他人组织赌博、为赌博网站担任代理并接受投注、参与赌博网站利润分成。虽然2014年3月26日最高人民法院、最高人民检察院、公安部《关于办理利用赌博机开设赌场案件适用法律若干问题的意见》进一步将设置赌博机组织赌博活动认定为开设赌场,但由于设置赌博机组织赌博活动多在实体领域实施,因此并不属于利用信息网络或在信息网络空间中实施的开设赌场行为。

"组织中华人民共和国公民参与国(境)外赌博"虽然是《刑法修正案(十一)》新增的内容,但是其来源则是2005年

《赌博案件解释》。2005 年《赌博案件解释》共有三处涉及境外因素：一是根据第 1 条第（四）项，以营利为目的，组织中华人民共和国公民，10 人以上赴境外赌博，从中收取回扣、介绍费的，属于《刑法》第 303 条规定的"聚众赌博"；二是根据第 3 条，中华人民共和国公民在我国领域外周边地区聚众赌博、开设赌场，以吸引中华人民共和国公民为主要客源，构成赌博罪的，可以依照刑法规定追究刑事责任；三是根据第 5 条第（二）项，组织国家工作人员赴境外赌博的，依照《刑法》第 303 条的规定从重处罚。《刑法修正案（十一）》则对 2005 年《赌博案件解释》的规定作了调整，明确对于"组织中华人民共和国公民参与国（境）外赌博，数额巨大或者有其他严重情节的"依照开设赌场罪的规定处罚。据此，对于利用信息网络实施"组织中华人民共和国公民参与国（境）外赌博"行为的界定，也应遵循利用信息网络实施开设赌场行为界定的一般思路。特别需要注意的是，在信息网络环境下，"组织中华人民共和国公民参与国（境）外赌博"更多不是通过线下实体方式完成，而是依赖于赌博网站、网络代理等线上行为实施。

二、利用信息网络实施聚众赌博和开设赌场的界分

《刑法修正案（六）》将"开设赌场"分立出来确定成为一种新的罪名以后，聚众赌博和开设赌场的区分就一直是困扰我国刑法理论和司法实务的一个难题，也是利用信息网络实施赌博犯罪司法认定中的重要问题。学界关于开设赌场罪与赌博罪二者的关系形成了两种不同的观点。

一种观点认为，开设赌场行为属于赌博罪的一种行为方式，

开设赌场的本质仍然为一种赌博行为,《刑法修正案（六）》仅仅涉及法定刑的修改而不涉及罪状的变动，因此，本条罪的构成要件与原来是完全一样的。① 另一种观点认为，开设赌场罪与赌博罪是两种不同的犯罪。开设赌场应该作为独立的犯罪，而不是赌博罪的加重处罚情节。② 对于聚众赌博和开设赌场二者的区分，学界主要从赌博规模、赌博场所固定程度、对赌博活动的控制性和支配性、持续时间、隐蔽性等五个方面予以区分。如有人认为，"开设赌场的行为人对赌博场所、赌场的内部组织和赌场经营等整个赌博活动都具有明显的控制性、支配性，而聚众赌博则不具有这种控制性，通常只是表现为召集、组织、聚集等行为"。③ 有人则认为，实践中可以从规模大小、隐蔽性、场所是否固定、持续时间长短、参赌人员的召集组织情况等方面综合分析、区分赌博罪和开设赌场罪。概括而言，聚众赌博的赌博规模较小（参赌人数较少且相对固定）、赌博场所一般不固定（没有固定营业场所）、对赌博活动的控制和支配较弱（参赌人员可以临时确定赌博方式或规则、可自带赌具、对参赌人员立场与否没有约束手段）、持续时间较为短暂（具有临时性、短暂性）、具有一定秘密性（知晓范围较窄）；反之，则是开设赌场的特征。

---

① 刘艳红：《〈中华人民共和国刑法修正案（六）〉之解读》，载《法商研究》2006年第6期。

② 邱利军、廖慧兰：《开设赌场犯罪的认定及相关问题研究》，载《人民检察》2007年第6期。

③ 宋君华、邢宏伟、陈启辉：《开设赌场罪与聚众赌博罪之区分应重点判断行为人对赌博活动的控制性》，载《中国检察官》2012年第12期。

笔者认为，开设赌场罪与赌博罪（聚众赌博）是两种不同的犯罪。开设赌场是一种独立的犯罪，虽然不是赌博罪的加重处罚情节，但却是赌博行为的加重处罚情形。因此，开设赌场罪与赌博罪（聚众赌博）在构成要件上存在高度的重合，二者仅从刑法教义学层面很难作出区分。上述学界关于两罪区分的通行观点，在面对通常的赌博犯罪案件时大体是适用的，但是一旦面对利用信息网络或者在信息网络空间实施的赌博犯罪行为，则往往显得捉襟见肘。

以微信"抢红包"行为的司法认定为例。① 近年来，组建微信群组织他人"抢红包"日益成为网络赌博的新宠。根据对司法案例的梳理，组建微信群组织他人"抢红包"的基本行为模式主要是：由"代包手"发红包，群内其他人员抢红包，按照事先约定的规则，根据抢到红包金额（尾数最小或特殊数字）确定"输家"，"输家"支付给"代包手"规定金额，由"代包手"抽头一定金额后再发到群里供群成员"抢"。为了吸引赌博人员参与，群内往往设立奖励制度，从抽头的钱中抽出一定金额设立奖金池，对抢到特殊数字的金额成员予以奖励。

笔者通过中国裁判文书网"高级检索"，将案件类型设置为"刑事案件"，文书类型设置为"判决书"，法律依据设置为"《中华人民共和国刑法》第三百零三条"，全文检索"微信抢红包"，截至2019年上半年，共检索出172份判决书，其中，以"赌博罪"认定的有22篇，以"开设赌场罪"认定的有150篇。

---

① 微信红包是腾讯旗下产品微信于2014年1月27日推出的一款应用，可以实现收发红包，查看收发记录和红包提现等功能。与传统红包相比，微信红包具有操作简单、娱乐性和互动性强等优点。

其他条件不变，将全文检索改为"抢红包"后，共检索出1093份判决书，其中，以"赌博罪"认定的有185篇，以"开设赌场罪"认定的有908篇。虽然司法实践对于组织微信"抢红包"行为倾向以开设赌场罪论处，但这并未平息理论界和实务界关于该类犯罪行为定性的争议。一方面，司法实践中仍有不少组织微信"抢红包"案例以赌博罪论处，存在一定程度上的同案不同判现象，说明全国各地司法机关对于该种网络赌博犯罪行为的认识尚未完全统一；另一方面，初步梳理上述司法案例后发现，控辩双方的争议焦点主要集中于赌博罪和开设赌场罪，而争议也主要是围绕着前述关于赌博罪和开设赌场罪区分的五个方面展开。

但是，如果进一步分析，则会发现通说关于赌博罪和开设赌场罪区分的五个方面，难以为组织微信"抢红包"行为的准确定性提供令人信服的解释结论。比如，为组织"抢红包"而组建的微信群，在持赌博罪观点的论者看来，较为松散，随时可以解散，具有临时性、短暂性，加入微信群往往需要群成员的邀请，并非完全向社会开放，微信群人员可多可少。而在持开设赌场罪观点的论者看来，所有入群人员均可邀请他人入群参赌，具有开放性，建群目的就是组织他人参赌，相当于为参赌人员提供了一个相对固定的场所。又如，关于组建微信群组织"抢红包"行为支配性和控制性的判定，往往涉及对制定赌博规则的理解，基于不同的立场或视角，既可以解释为对于何时进行赌博、如何进行赌博、参与赌博人员等均在群主控制和支配范围内，也可以解释为因组织微信"抢红包"是新事物（不同于已有成熟规则的棋牌、百家乐、六合彩等赌博活动），制定的关于抽头方式、保管钱款、分发奖金等详细规则只是确保"抢红包"顺利进行的基本条件，并不体现对整个"抢红包"具有控制性、支配性，进而得出完全不同的判定结论。

据此可以看出，刑法教义学很难为利用信息网络实施聚众赌博和开设赌场犯罪行为提供较为明确的区分标准。"多种法律教义分析的存在，尽管有高下之分，也表明教义分析本身甚至不能保证一个公认的教义分析，不能导致一个确定的结果，更不保证这个结果为社会普遍接受。"① 笔者认为，这种情况下，要准确把握网络聚众赌博和开设赌场犯罪行为的界分，应对赌博罪和开设赌场罪区分的五个方面做进一步的细化分类。赌博规模、赌博场所固定程度、对赌博活动的控制性和支配性、持续时间、隐蔽性等五个方面，为赌博罪和开设赌场罪的区分提供了中观层面的视角，但是在信息网络环境下，网络空间的易变性、流动性、虚拟性等特点使得对赌博规模、赌博场所、隐蔽性、控制性和支配性等认识呈现"相对性"的属性，具体来说，赌博规模大小、赌博场所是否固定、赌博活动是否隐蔽、控制性和支配性强弱，往往是相对的，并没有明确的标准，针对同一个事实，基于不同的主体视角或立场，完全可能得出相反的结论。因此，需要对赌博罪和开设赌场罪区分的五个方面做进一步的细化。笔者认为，五个方面中，控制性和支配性是核心要素，其他四个方面是辅助要素，应在准确把握核心要素的基础上兼顾考量其他要素。关于控制性和支配性，主要可以从利用信息网络组织实施赌博犯罪行为的组织化程度、组织者的职责分工情况、组织者对参赌人员和赌

---

① 苏力：《法条主义、民意与难办案件》，载《中外法学》2009年第1期。

博活动的管理严密程度、组织和管理人员构成是否相对稳定等方面予以判断。

三、网络开设赌场罪司法认定的限缩立场

当前司法实践对网络开设赌场罪的认定呈现一定的扩大化趋势，应当根据刑事立法和司法解释精神予以纠偏。我国刑事立法经历了将开设赌场和聚众赌博从合立到分立并取消开设赌场罪主观"以营利为目的"要件、提高开设赌场罪法定刑的过程，体现了对开设赌场犯罪行为从严惩处的精神。但是从刑法解释原理和司法解释有关精神来看，笔者认为应对网络开设赌场的认定作一定程度的限缩性调整。主要理由有两点：

（一）遵循赌博罪（聚众赌博）和开设赌场罪入罪标准的平衡

从赌博罪（聚众赌博）和开设赌场罪的入罪标准来看，开设赌场罪明显低于赌博罪（聚众赌博）。2005年《赌博案件解释》第1条对"聚众赌博"的入罪标准作了4条量化规定，《立案追诉标准（一）》第43条增加了"其他聚众赌博应予追究刑事责任的情形"。同时根据《立案追诉标准（一）》第44条规定，开设赌场的，应予立案追诉。可见，开设赌场罪并无具体的量化的入罪标准。由此看来，开设赌场罪的入罪标准远远低于赌博罪（聚众赌博）的入罪标准，显然是聚众赌博行为的加重处罚情形，二者呈现"递进式"的处罚模式。尤其需要注意的是，经过《刑法修正案（十一）》的修改，赌博罪（聚众赌博）的法定刑为"三年以下有期徒刑、拘役或者管制，并处罚金"，开设赌场罪的基

本刑为"五年以下有期徒刑、拘役或者管制，并处罚金"，而开设赌场罪与赌博罪（聚众赌博）在构成要件上存在高度的重合，这种情况下，对于开设赌场罪的认定就应该坚持更为严格的标准，确保被认定为开设赌场罪的犯罪行为在社会危害性、刑事处罚必要性等方面均显著高于赌博罪（聚众赌博）的犯罪行为，由此获得法理依据。

（二）遵循司法解释关于网络开设赌场的"有限列举"方式

根据2005年《赌博案件解释》第2条规定，网络开设赌场包括"以营利为目的＋建立赌博网站＋接受投注"和"以营利为目的＋为赌博网站担任代理＋接受投注"两种行为，2010年《网络赌博意见》规定了建立赌博网站并接受投注、建立赌博网站并提供给他人组织赌博、为赌博网站担任代理并接受投注、参与赌博网站利润分成四种具体行为方式。如果进一步深入分析，则会发现该司法解释有两点值得注意的地方：一是司法解释为这四种行为方式设置了前提条件，即"利用互联网、移动通讯终端等传输赌博视频、数据，组织赌博活动"。换言之，只有同时具备"利用互联网、移动通讯终端等传输赌博视频、数据，组织赌博活动"和上述四种行为之一的，才可以认定为"开设赌场"。结合我国刑法规定，这种"利用互联网、移动通讯终端等传输赌博视频、数据，组织赌博活动"符合聚众赌博的构成要件，实际上就是聚众赌博行为。因此，该司法解释传递的精神是，开设赌场是聚众赌博的加重处罚行为，实际上属于对赌博犯罪活动的"二次评价"。二是在四种具体行为之外，并未规定兜底性的规定。对此，学界有人认为，司法解释规定四种行为方式属于网络开设赌场,但并未明确排除其他利用信息网络实施的赌博行为认定为开设赌场的可能,对于符合开设赌场构成要件的其他组织网络赌博行为,也可以认定为开设赌场。笔者认为,虽然从字面上看,司法解释没有明确排除其他利用信息网络实施的赌博行为认定为开设赌场的可能,但是没有使用兜底性表述,而是采用了"有限列举"的方式,本身或许就隐含了限缩解释网络空间赌博行为构成开设赌场的司法立场。综合考虑司法解释为网络开设赌场设立的前置性条件以及未规定网络开设赌场的兜底性条款,在司法实践中,对于利用信息网络实施开设赌场的认定,应持审慎和谦抑态度。

 法律链接

1.《中华人民共和国刑法》第 303 条

2. 最高人民法院、最高人民检察院《关于办理赌博刑事案件具体应用法律若干问题的解释》第 1 条、第 2 条

3. 最高人民检察院、公安部《关于公安机关管辖的刑事案件立案追诉标准的规定(一)》第 43 条、第 44 条

4. 最高人民法院、最高人民检察院、公安部《关于办理网络赌博犯罪案件适用法律若干问题的意见》第 1 点

5. 最高人民法院、最高人民检察院、公安部《关于办理利用赌博机开设赌场案件适用法律若干问题的意见》第 1 点